AF746171

www.ingramcontent.com/pod-product-compliance
Lightning Source LLC
LaVergne TN
LVHW010832051026
849532LV00007B/2672

9789369083862

آئینۂ عرفاں

(عقیدت مندانہ کلام)

صابر آروی

Aaina-e-Irfaan *(Devotional Poetry)*
by: Sabir Aarvi
Edition: September '2025
Publisher :
Taemeer Publications LLC (Michigan, USA / Hyderabad, India)

ISBN 978-93-6908-386-2
9 789369 083862

کتاب	:	**آئینۂ عرفاں** (عقیدت مندانہ کلام)
مصنف	:	**صابر آروی**
صنف	:	شاعری
ناشر	:	تعمیر پبلی کیشنز (حیدرآباد، انڈیا)
سالِ اشاعت	:	۲۰۲۵ء
صفحات	:	۱۰۴
سرورق ڈیزائن	:	تعمیر ویب ڈیزائن

۷۸۶

انتساب

اُس شخص کے نام ـــ

جو ہر شعبۂ حیات میں نمایاں زندگی گذارنے کے ساتھ ساتھ مضبوط قوتِ ارادی کا مالک اور صفاتِ حق گوئی سے مالا مال ایک صاحبِ ایمان فرد تھا۔

جو مذہب و ملت کا بے پناہ درد رکھنے والا مذہبِ جعفریہ کا ایک بے خوف اور نڈر پیرو کار تھا۔

جس کے قلب و دماغ سوزِ غمِ حسینؑ میں ہمیشہ بے کلی اور بے چینی لئے رہے۔

جس کی آنکھیں سرشکِ غمِ حسینؑ سے ہمیشہ پُر نم رہیں۔

اور

جس کے ایامِ شباب کی نوحہ خوانی اور ماتم داری کی گُونج پٹنہ سیٹی سے شیعہ مسجد (مراد پور) تک فضا میں گھل مل کر ایک ارتعاش ہی نہیں پیدا کر رہی ہے بلکہ آنے والی نسلوں کے افراد سے کہہ رہی ہے کہ جذبۂ ماتم داری ہو تو ایسا ہو۔

ـــ جی ہاں ـــ وہ شخص **سید مبارک حسین** (پتھر کی مسجد) مرحوم تھے۔ جنہیں مرحوم کہتے ہوئے زبان کو لکنت اور قلم کو جنبش ہونے لگتی ہے۔

اور میں اپنی اس کتاب "آئینۂ عرفاں" کو انہیں کے نام منسوب کرتا ہوں۔

دعا گذار ہوں کہ صدقے میں محمدؐ و آلِ محمدؐ کے اللہ ان کی مغفرت فرمائے اور تمام متعلقین کو اس صدمۂ جانکاہ کو سہہ لینے کی قوت عطا کرے۔ آمین

صابر آروی

فہرست مضامین

رباعیات وقطعات

٦

۸۶ء

عرضِ مصنّف

ادبی، شعری تخلیقات کے دو مجموعے "سرمایۂ احساس" اور "متاعِ احساس" شائع ہوئے تو ان میں سے منتخب کلام کو ہندی رسم الخط میں غیر اردو داں طبقہ کی فرمائش پر شائع کرنے کا احساس جاگا اور "رُوپ اور دھوپ" شائع ہو گئی۔ ان مطبوعات کو خاطر خواہ مقبولیت حاصل ہوئی۔ چونکہ شعری تخلیقات کا سلسلہ جاری ہی رہا اس لئے عقیدت مندانہ کلام کے دو مجموعے "گنجینۂ عرفاں" اور "سفینۂ عرفاں" شائع کئے گئے۔ ان مجموعوں میں حمد باری تعالیٰ، منقبت اور قصائد پنجتن پاکؑ سبھی کلام صنفِ مسدس میں تصنیف ہو کر شاملِ اشاعت ہوئے تھے۔ ان میں رباعیات، قطعات اور مراثی بھی شاملِ اشاعت کئے گئے تھے۔ چنانچہ واقف کار حلقوں میں ان کی کافی مقبولیت ہوئی۔ اِن مجموعوں کی اشاعت کے ساتھ ساتھ والد مرحوم جناب

خادم آروی کی کلاسیکی غزلوں کا ایک مختصر سا انتخاب میرے ذریعہ تالیف ہو کر "بادۂ تغزل" کے نام سے شائع ہوا جسے کافی پسند کیا گیا۔

چونکہ شعر گوئی کا عمل جاری تھا اسی لئے ایک اور عقیدت مندانہ کلام کے مجموعے کے لئے مرثیوں کی شکل میں سرمایۂ کلام جمع ہو گئے۔ جنھیں ترتیب دے کر "آئینۂ عرفاں" کے نام سے شائع کیا جا رہا ہے۔ یہ سب فیض ہے بابِ مدینۂ علم مولائے کائنات حضرت علیؑ کا۔

میرے اپنے شعری نظریات اور شعری اور ادبی سفر کی روداد پہلے مجموعۂ کلام "سرمایۂ احساس" میں پیش کئے جا چکے ہیں اب پھر انھیں دائرۂ تحریر میں لانے کی کوئی ضرورت نہیں محسوس کی جا رہی ہے۔

پیشِ نظر مجموعۂ کلام "آئینۂ عرفاں" میں مختصر مرثیہ نگاری کا ایک تجربہ کیا گیا ہے جس کی ابتدار پہلے مجموعوں میں ہو چکی ہے۔ معلوم نہیں قارئینِ ادب اور ناقدینِ ادب کو یہ تجربہ کیسا معلوم ہو مگر ایک ابتدار تو کی گئی ہے۔ اِسی مجموعۂ کلام "آئینۂ عرفاں" میں کچھ رباعیات و قطعات شاملِ اشاعت ہیں جنھیں الگ الگ عنوانات کے تحت شائع کیا جا رہا ہے۔ اس بار بھی اس مجموعۂ کلام میں کچھ تجزیاتی مقالے شامل کئے گئے ہیں جنکے مصنفین ہیں ڈاکٹر پروفیسر افضل حسن جعفری، ڈاکٹر پروفیسر طلحہ رضوی برقؔ اور عالی جناب مولانا شاہ سید مظاہر حسین صاحب قبلہ۔ ان فاضل مصنفین نے اپنے اپنے اندازِ فکر و نظر اور اسلوب بیان سے مزین جو گراں قدر تجزیاتی مقالے شاملِ اشاعت کرنے کے لئے عنایت فرمائے ہیں میں

تہہِ دل سے ان کا شکر گذار ہوں۔

میں شکر گذار ہوں اپنے تمام احباب، بزرگوں اور عزیزوں خصوصاً اپنی بیگم محترمہ کا جنکی خوشنودی اور دستِ تعاون کے بغیر ادبی کارِ خیر کے سفر میں ایک قدم بھی چلنا ایک دشوار امر تھا۔ میرے عزیز بیٹوں، بیٹیوں اور بہوؤں کے علاوہ میرے بڑے خویش عزیزی ممتاز حسین شمسیؔ نے بھی اپنی سعادت مندی اور جذبۂ خدمت گذاری سے مجھے بھرپور تعاون دیا ہے اور میں ان سبھوں کے لئے دعا گو گذار ہوں۔

مجھے توقع ہے کہ یہ لوگ ہمارے خاندان کی ادبی اور مذہبی وراثت کو سینہ بہ سینہ قائم رکھیں گے تاکہ سبھی افرادِ خاندان کے مذہبی اور سماجی شعور کو جِلا ملتی رہے اور اپنے خاندان کے بزرگوں کی گراں قدر خدمات نمایاں ہوتی رہیں۔ آمین۔

صابر آروی

ایل ۲/۱۵۔ایس۔ کے پوری (ساؤتھ)
بورنگ روڈ۔ پٹنہ۔۱

اور

"حسین منزل"۔ محلہ مہادیوا۔ آرہ

صابر آروی کی مرثیہ نگاری

"آئینۂ عرفاں" کا ایک تنقیدی جائزہ

فکر و فن کی دنیا میں بعض شخصیتیں بڑی پہلودار ہوتی ہیں۔ ان میں گوناگوں کمالات کا تخلیقی سرمایہ اِن کو ممتاز و منفرد بناتا ہے۔ صابر آروی صاحب کا تعارف کراتے وقت ناقدین فن کو اس نوع کے احساس سے گزرنا ہوتا ہے۔ آپ نے غزل میں شیرینی اور لطافتِ بیان شامل کر کے اس کو پُرکشش جاذبیت دی ہے اور اکثر و بیشتر مغلیت کی خشک بیانیوں میں رعنائی بخش کر غزل کا کیف اور اس کی نفاست کو باقی رکھا ہے۔ نظم پر بھی قدرتِ کاملہ ہے اور اس کے مرمریں پیکر میں تجربات و مشاہدات کا ایک خزانہ چھپا ہے۔ ملاحظہ ہوں ان کے دو ادبی و شعری مجموعے ("سرمایۂ احساس" اور "متاعِ احساس") آپ کے قصائد کے بارے میں یہ کہنا غلط نہ ہوگا کہ یہ صنف جو بیسویں صدی میں گوشۂ گمنامی میں پڑی تھی۔ آپ نے اپنی خوش عقیدگی،

تفکر اور وجدان کے سرچشموں سے سیراب کیا۔ رباعیات و قطعات میں حسنِ بیان کے ساتھ کائنات کے اسرار و رموز پیش کئے۔ ملاحظہ ہوں عقیدت مندانہ کلام کے دو مجموعے "گنجینۂ عرفان" اور "سفینۂ عرفاں"

آپ کے مرثیوں کا یہ تیسرا مجموعہ "آئینۂ عرفاں" میرے پیشِ نظر ہے۔ اس سے پہلے اِن کے دو مجموعے "گنجینۂ عرفاں" اور "سفینۂ عرفاں" شائع ہو کر مقبولیت حاصل کر چکے ہیں۔ پیشِ نظر مجموعہ میں قطعات و رباعیات کے علاوہ چھ مرثیے ہیں۔ اس سے پہلے کہ صابر آروی کی مرثیہ نگاری کا جائزہ لیا جائے قارئین کو مرثیہ میں نئے فکر و شعور سے مختصر طور پر رُوشناس کرانا ضروری سمجھتا ہوں۔ صنفِ مرثیہ کو بین و بکا کا مظہر قرار دیا گیا۔ اور اسے عزاخانہ کے حدود میں رکھ کر اِس کی شعری و ادبی اہمیت سے غضّ بصر سے کام لیا گیا لیکن اردو مرثیہ دنیائے ادب کے مرثیوں سے منفرد ہے۔ مرثیہ خالص ہندوستانی تہذیب کا پروردہ ہے۔ مرثیہ نے دکن اور دہلی کے دبستانوں میں ارتقا کی بہت ابتدائی منزلیں طے کیں۔ لکھنؤ میں پہنچ کر مرثیہ نے اس کی تہذیبی روح کو اپنے اندر سمو لیا۔ اس میں اردو زبان و ادب کی رچی بسی ہوئی کیفیت کا ایک دلنشیں خاکہ ملتا ہے۔ سراپا میں قصائد کا تزک و احتشام ساقی نامول اور بہاریہ مضمون میں غزل کی نفاست بیان۔ رزم میں زور، طنطنہ اور ہولناکی، بزم کی رنگینی و شادابی اور جہاں تک جذبات نگاری کا تعلق ہے عشق و عاشقی اور جنسیت کے محدود دائرے سے نکال کر جذباتی رشتوں کے مختلف روپ اور رنگ دئے۔ مرثیہ کی کردار نگاری میں مختلف نوعیت کے کردار ملتے ہیں۔ واقعہ نگاری کا فن

عروج پر نظر آتا ہے۔ حالی نے مرثیہ میں صرف اخلاقی قدروں کی نشاندہی کی۔ گرچہ مرثیہ ایسی صنفِ سخن ہے جو اپنے دامن میں تمام اصناف کے لئے سبدگُل کی حیثیت رکھتا ہے۔ مناظر فطرت کا ایک قیمتی ورثہ اردو مرثیہ نگاری کا زرّیں عطیہ ہے اس لئے ایک کامیاب مرثیہ نگار کو قلم کاری کے جوہر دکھاتے وقت مختلف النوع منازل سے گذرنا ہوتا ہے۔ بیسویں صدی کے اوائل میں ہماری تہذیبی قدروں کے لئے رجحانات اور ثقافتی میلانات نے ہمارے اصنافِ سخن کو بے حد متاثر کیا۔ غزل، نظم، مثنوی کے ساتھ نثر میں جدید حالات سے مطابقت کرنے کے لئے نئے امکانات کی تلاش شروع ہوئی۔ مرثیہ نگاری کے لئے یہ کہا جاتا تھا کہ انیسؔ نے مرثیہ کو اوج کمال تک پہنچایا اور اب جدید تقاضوں کے لئے مرثیہ صرف ایک ادبی ورثہ بن کر رہ جائے گا لیکن مرثیہ نگاری میں ایک نئی تدریجی ارتقا کا ظہور ہوتا ہے۔ مرزا اوجؔ کے شاگردِ رشید مرزا رسوا نے استاد کو مشورہ دیا کہ آپ کیوں نہیں مرثیہ میں غالبؔ کا فلسفیانہ انداز اختیار کرتے ہیں۔ اوجؔ نے اپنے پہلے مجموعہ میں ایک مرثیہ وجودِ خداوندی پر لکھا۔ اوجؔ کے عزیز ترین دوست اور استاد بھائی شادؔ عظیم آبادی نے ایک پورا مرثیہ لکھا جس کو جدید مرثیہ نگاری کا "مینی فسٹو" کہا جا سکتا ہے۔ شادؔ نے خصوصاً مرثیوں میں قومی شاعری کے لئے جگہ بنائی۔ اب مرثیوں میں نئی آب و تاب آئی۔ جوشؔ نے مرثیوں میں امام حسینؑ کی ذات کو ظلم و تشدد کے خلاف ایک انقلابی ہیرو کی شکل میں پیش کر کے واقعۂ کربلا کا آفاقی منظر تیار کیا۔ اسی وقت جمیلؔ مظہری نے اسلام کے تاریخی فلسفہ کو شامل کیا۔ ڈاکٹر اقبالؔ کو مرثیہ سے یہ شکایت تھی کہ مرثیہ میں انفعالیت ہے۔ شادؔ، جوشؔ اور جمیلؔ مظہری

نے اس کا تدارک کیا اور مرثیوں کے کرداروں میں وہ رُخ دکھایا کہ امام حسینؑ، انکے اعزا و رفقا ء شدائد و مصائب میں اسلام کے قالب میں پھر سے نئی روح پھونکنے کے لئے مردانہ وار صفوفِ اعداسے مقابل ہوئے اور شہادت کو اپنا خاندانی ورثہ سمجھ کر خوشی خوشی جام شہادت نوش کیا۔ یہی سبب ہے کہ مرثیہ وقت کے تقاضوں کو اپنے اندر جذب کرتا ہوا بتدریج ترقی پزیر ہے۔ گاہے گاہے ہنستے تجربات بھی ہوئے پیارے صاحب رشید نے بہاریہ مضامین اور ساقی نامہ شامل کیا۔ گرچہ اس سے قبل میر انیس مرثیوں میں متغزلانہ رنگ دے چکے تھے لیکن مرثیت کو جانے نہ دیا۔ مثلاً

زہراؑ کے نونہال جو خواہاں تھے آب کے
شبنم نے بھر دئے تھے کٹورے گلاب کے

پھر اِن کے بھائی میر مونس نے اپنے ایک بند میں یوں فرمایا تھا :

باغِ زہراؑ و محمدؐ کی اِدھر تھی خوشبو
گُل سے رُخ، سرو سے قد، سنبل تر سے گیسو
آنکھیں نرگس کے کٹورے، گُلِ شبنم آنسو
سبزہ آغاز کسی کے تو کوئی آئنہ رُو

یاں کی خوشبو جو گذر جاتی تھی گلزاروں سے
بلبلیں پھول گرا دیتی تھیں منقاروں سے

غرض، مرثیہ معنویت، آفاقیت اور حکیمانہ شعور کے زیر سایہ ترقی پزیر تھا۔
صابر آروی اردو مرثیہ نگاری کی ایک معروف اور معتبر شخصیت ہیں۔ اِنکے

دو عقیدت مندانہ کلام کے مجموعے "گنجینۂ عرفاں" اور "سفینۂ عرفاں" شائع ہو کر خراج تحسین حاصل کر چکے ہیں۔ تیسرا مجموعہ "آئینۂ عرفاں" میں یہ مرثیے ہیں۔ ان میں کلاسکی مرثیوں کی روایات کی پابندی بھی اسی حد تک ہے جہاں تک آپ کی فکری حرّیت پسندی نے اجازت دی ہے۔ یہی وجہ ہے کہ آپ کے مرثیوں میں ایک طرف کلاسکی اندازِ سخن کے ساتھ جدید رنگ کے احساس کا ایک ایسا آہنگ پیدا ہو گیا ہے جو یقیناً مسالح اور صحت مند اجزا کی نشاندہی کرتا ہے اور خاص طور پر ان کی معجز نما زبان میں تفکر کی گہرائیوں اور گیرائیوں کو سمو دیا گیا ہے۔

آپ نے سیرت نگاری میں ملکوتی صفات اور بشریت کے تقاضے دونوں کو ملحوظ رکھا ہے۔ آلِ رسولؐ ہمیشہ اسوہ حسنہ پر عمل پیرا رہے اور جذبوں کی پکار سن کر انھیں نظر انداز کرتے بھی رہے۔ کردار نگاری میں ان اولوالعزم ہستیوں کا ایک ایسا نفسیاتی مطالعہ ہے جو ہر لحاظ سے لائقِ تحسین ہے۔ حضرت علی اکبرؑ جناب زینبؑ سے رخصتِ جنگ لینے خیمے میں تشریف لاتے ہیں۔ ایک طرف جناب زینبؑ کے جذبات کا وفور اور احساسات کا تلاطم دوسری جانب امت جد کی بخشش بھی مدنظر ہے گویا صابر آروی شعریت کی نفسیات اور آلِ رسولؐ کی الوہی صفات دونوں ہی کی تصویر کشی نفسیاتی پس منظر میں کرتے ہیں:

خیمے میں آ کے دیکھا جو اکبرؑ نے حالِ زار
بس گر پڑے قدم پہ وہ زینبؑ کے ایک بار
تھی کپکپی لبوں میں تو آنکھیں تھیں اشکبار
یعنی وفورِ غم سے نہ تھا ایک دم قرار

اُٹھے نہ تھے قدم سے کہ زینبؑ نے آہ کی
حسرت سے شاہزادے کے رُخ پر نگاہ کی

فرمایا راس آیا نہ اٹھارواں یہ سال
لو تھامو ہاتھ، قلب ہوا جاتا ہے نڈھال
واری تمھارے بعد کہاں میری دیکھ بھال
اماں بھی ہیں تمھاری غمِ دل سے پائمال
خالق سے لو لگائیں گے ہم سب تمہارے بعد
ٹوٹے گا ہم پہ کوہِ الم اب تمہارے بعد

میں نے صابر آروی کو مرثیہ کی خواندگی کے وقت منبر پہ دیکھا ہے وہ اپنی آواز کے اتار چڑھاؤ، آنکھوں کے اشارے اور ہاتھوں کی حرکتوں سے یوں تصویر اتار کر رکھ دیتے ہیں اور سماں بندھ جاتا ہے کہ ہر شخص یہی محسوس کرنے لگتا ہے وہ مرثیہ کی فضا میں اس کے مخصوص کرداروں کے درمیان سانس لے رہا ہے۔ اس عظیم ڈرامے کا ایک جز بھی ہے جس طرح ڈرامہ اسٹیج کی تمام ضرورتوں اور نزاکتوں کو دیکھتے ہوئے لکھا جاتا ہے۔ اسی طرح مرثیہ نگار کے تحت الشعور میں منبر پر اپنی خواندگی اور سامعین دونوں ہی ملحوظ رہتے ہیں۔ منبر پر خواندگی کے وقت گھوڑے کی سواری کو اس طرح دکھاتے ہیں جیسے وہ سچ مچ رزم گاہ میں اشہبِ صبا رفتار کو مہمیز کر رہے ہیں مرثیہ نگار کے پاؤں منبر پر نہیں رکابوں میں ہیں اور جب آستین الٹ کر تلوار کی کاٹ دکھا دی تو میدانِ جنگ میں تیغ زنی کا منظر کھنچ جاتا ہے اور کبھی جو

بچہ مروڑا جاتا ہے تو حاضرین ششدر رہ جاتے ہیں۔ صابر آروی نے مکالموں میں کردار کی نفسیات، ان کی ذہنی شناخت، افتادِ طبع کو موقعوں کی نزاکت کے ساتھ پیش کیا ہے۔

صابر آروی نے جو بینیہ حصے نظم کئے ہیں ان میں برابر یہ خیال ملحوظ رکھا ہے کہ گریہ و بُکا کی فضا تخلیق کرتے وقت امام حسینؑ، ان کے اعزا، ارباب یا مخدرات عصمت و طہارت کا ایک ایسا کردار پیش نہ ہو کہ جس سے ظاہر ہو کہ مصائب و آلام نے انکے عزائم میں شکستگی پیدا کردی تھی۔ اور ان کے بین کا یہ بھی بڑا وصف ہے کہ ان میں رقت اور دلسوزی بھی خوب ہے اس لحاظ سے وہ اپنے ہم عصر مرثیہ نگاروں میں ممتاز ہیں۔

بس اسی فکر میں تیورا گئے حضرت اکبار\
سامنا ایسے میں بانوؑ کا تھا امر دشوار\
یا علیؑ کہہ کے سنبھالے رہے دل کی رفتار\
لو لگائے رہے خالق سے شہؑ عرش وقار

فدیۂ اصغرؑ ناداں کو خدا کر کے قبول\
بخش دے امتِ عاصی کو بہ احسانِ رسولؐ

دیکھ لیں اہل زمیں صبرِ حسینؑ مظلوم\
کس بشاشت سے گوارا کیا قتلِ معصوم\
کیوں نہ مچ جائے زمیں تا بہ فلک صبر کی دھوم\
کس کو آقا ہے ترے صبر کی قوت معلوم

تاقیامت نہ بھولائیں گے غمِ شاہِ اُمم
بھول پائیں گے نہ شہزادۂ شبیرؑ کا غم

اردو شاعری کا بیشتر سرمایہ غزل کی تنگنائے میں گرفتار تھا۔ مرثیہ نے اسے نئی وسعتوں سے ہمکنار کیا اور ایک دوسرا خوشگوار تغیر یہ ہوا کہ اردو شعراجن کی نگاہیں دل کی جانب جھکی ہوئی تھیں اب ان کی نظر مشاہدات کے لئے خارجی مظاہرات پر پڑنے لگی۔ داخلی واردات و کیفیات کے علاوہ زندگی کی بوقلمونیوں کا بیان نظر آتا ہے۔ ایک منظر نگاری کو لیجئے۔ مرثیہ میں حسن فطرت کی دلآویز مصوری پیش کی گئی۔ صبح کا سماں، گرمی کی دوپہر میں تپتی جھلستی دھوپ، شام کا سہانا منظر، شب کا پر سکوت سناٹا۔ غروبِ آفتاب کا منظر، غرض یہ سارے مناظرِ فطرت اتنی کثرت سے قلمبند ہوئے کہ یہ اردو شعرا کے لئے محرک ثابت ہوئے۔ چکبست اور پھر جوش کی منظر نگاری بڑی حد تک مرثیوں کی مرہونِ منت ہے۔ صابر آروی فطرت کے دلآویز نقوش پیش کرتے ہیں اور اس میں فنکارانہ چابکدستی سے کام لیتے ہیں۔ صابر آروی ان مناظر کی پیش کردگی میں مصورانہ شان ملتی ہے اور ایسی جیتی جاگتی تصویریں اتارتے ہیں کہ ان کی قدرت قلمکاری کا معترف ہونا پڑتا ہے۔ آپ کے ایک مرثیہ میں شب کی عروسِ نو کی تزئین ملاحظہ ہو: ("گنجینۂ عرفاں" سے)

تاروں کی آسمان پہ جب انجمن سجی
اندازِ نو سے محفلِ چرخِ کہن سجی
مشاطۂ بہار نے شب کی دلہن سجی
پھولوں کی زیوروں سے عروسِ چمن سجی

۱۷

رونق بڑھی زمین و زماں مسکرا اُٹھے
فرطِ خوشی سے کون و مکاں مسکرا اُٹھے

خنکی لئے فضاؤں سے شبنم رواں ہوئی
یوں صورتِ سحابِ کرم مہرباں ہوئی
اک اک کلی چٹک کے کھلی اور جواں ہوئی
گویا کہ بے زبانئ گل خود زباں ہوئی

ہر سمت دلنوازئ شب پھیلتی گئی
عالم میں ایک موجِ طرب پھیلتی گئی

ہر اہلِ گلستاں کا معطّر دماغ تھا
قدرت کے دست خاص میں رنگیں ایاغ تھا
نور رسولِ پاکؐ سے روشن چراغ تھا
طفل و جوان و پیر کا دل باغ باغ تھا

فکرِ رسا نے بات بہت لاجواب کی
آنکھوں کے آگے کھینچ دی صورت شباب کی

ظلم و تشدد کے گھنگھور اندھیرے میں شہادتِ امام حسینؑ ایک ایسا چراغِ ہدایت تھا جس نے نیکیوں کو فروغ دینے کے لئے راہیں دکھائیں اور انسانوں کی اخلاقی قدروں کی سرافرازی کے لئے اپنے خون سے ارض کربلا کو سیراب کیا۔ صابر آروی نے اپنے ایک مرثیہ کے چہرے میں کربلا کے اس عظیم کارنامے کو اپنے فعال ذہن سے شدتِ جذبات کے ساتھ اس کی مرقع کشی کی۔ ایک مرثیہ سے اس کے صرف

۱۸

دو بند پیش خدمت ہیں :

کربلا صاحبِ ایماں کے لئے فکرِ جمیل
کربلا کرتی ہے افسانۂ دل کی تکمیل
کربلا ذہن کی آسودہ مزاجی کی کفیل
ہے اندھیرے کے لئے رحمتِ حق کی قندیل

اہلِ ایماں کو بصیرت کی ضیا ملتی ہے
اس چمن زار میں خوشبوئے وفا ملتی ہے

کربلا ظلم کی آواز دبا دیتی ہے
حق کی آواز یہ دنیا کو سنا دیتی ہے
سرِ تکبر کا جو اٹھتا ہے جھکا دیتی ہے
بھوک اور پیاس کی شدت کو بھلا دیتی ہے

دینِ اسلام کی اک دوسری معراج ہے یہ
شافعِ حشر کا بخشا ہوا اک تاج ہے یہ

ہم اکیسویں صدی کی دہلیز پر کھڑے ہیں۔ اصنافِ سخن نئے مطالبات اور جدید تقاضوں سے ہم آہنگ ہو رہے ہیں۔ مرثیہ میں متغزلانہ رنگ تو میر انیس سے ہی شروع ہوا۔ تلوار کی فتنہ سامانیوں کے بعد بھی اس میں معشوق کی کمر کا لوچ و خم ہے۔ پیارے صاحب رشید نے بہاریہ نظم کو موضوع بنایا اور ساقی ناموں کا اضافہ ہوا۔

اوج نے فلسفہ سے روشناس کیا۔ شاد نے مرثیہ کی قلبی ماہیت کی۔ عصر حاضر کے مسائل سے اس کا رابطہ قائم کیا۔ جوش نے حسینؑ کی قربانی کو ایک ایسے انقلاب سے تعبیر کیا جو انسانیت کی بقا کے لئے چراغِ ہدایت بن سکے۔ جمیل مظہری نے تاریخی فلسفہ کے ساتھ ان کی قربانی کو آفاقی پس منظر دیا۔ مرثیہ میں حکمت، فلسفہ، تصوف کی آمیزش ہوئی۔ صابر آروی مرثیہ کے اس تاریخی ارتقا کے تصور سے باخبر ہیں۔ ان کے یہاں جدید مسدس کا خالص تبلیغی رنگ نہیں ملتا اور نہ صرف خطابت کا انداز ہی نظر آتا ہے۔ صابر آروی نے مرثیہ کی کلاسکی روایت اور مسدس کے درمیان ایک ایسی متوازن راہ نکالی جو جدید مرثیہ نگاری کے لئے لائق تقلید ہے۔

صابر آروی ایک قادرالکلام مرثیہ نگار ہیں اور اپنی اس قدرتِ بیان کے سبب مرثیہ کی نوک پلک سنوارنے میں سلیقہ مندی کا ثبوت دیتے ہیں۔ آپ کی طبیعت جودت پسندی اور مضمون آفرینی کی جانب مائل ہوتی ہے۔ حکیمانہ اور عارفانہ کلام بھی ملتا ہے۔ واقعہ نگاری میں ترتیب و تنظیم ہے۔ آپکے مرثیوں میں کردار نگاری اور واقعہ نگاری کے وقت مشاہدہ کی خبر رسی، خلوص کی بے پایانی اور تجربات کی ترسیل میں کمالِ فن کا مظاہرہ نظر آتا ہے۔ مکالموں کی ادائگی میں کردار کی ذہنی و جذباتی کیفیتوں کو اس خوبی سے رقم کرتے ہیں کہ مرثیہ میں ڈرامائی عنصر واضح اور نمایاں مقام کا حامل نظر آتا ہے۔ اس لئے بلاشبہ جدید مرثیہ نگاروں کی فہرست میں ان کا مخصوص اور منفرد مقام ہے۔ اور آپ کے عقیدت مندانہ کلام کا یہ تیسرا مجموعہ یعنی "آئینۂ عرفاں" لائق توجہ تحسین اور ستائش کا مستحق ہے۔

اور ہم اہلِ بصیرت کو اس کے مطالعہ کی دعوت دیتے ہیں۔

(ڈاکٹر) سیّد افضال حسن جعفری
سابق پروفیسر اور صدر شعبۂ اردو
گرو گوبند سنگھ کالج، پٹنہ سیٹی

آئینۂ عرفاں
صابر آروی کے مجموعۂ کلام کا ایک مختصر جائزہ

مرثیہ عربی لفظ رثا سے مشتق ہے جس کے لغوی معنی میت کے اوصاف بیان کرنا ہے لیکن اصطلاح شاعری میں وہ نظم جس میں سید الشہدا حضرت امام حسین علیہ السلام اور ان کے احباب واہل بیت پر فضایل ومناقب اور ان کی المناک شہادت کے واقعات بیان ہوئے ہوں' مرثیہ ہے۔ کربلا کا واقعہ تاریخ عالم کا ایک عظیم المیہ اور سانحہ فاجعہ ہے' اتنا سنگین اور دردناک حادثہ شاید چشم فلک نے کبھی نہ دیکھا ہو۔

واقعاتِ کربلا کی تفصیل سن کے آج بھی دل تڑپ اُٹھتا ہے اور آنکھیں اشکبار ہوجاتی ہیں۔ شعرا بطور خاص اس واقعۂ جانگداز سے متاثر ہوئے۔ چنانچہ ہر دور میں اس موضوع پر اظہار خیال کیا گیا۔ محبانِ اہل بیت نے غمِ حسینؑ میں آنسو بہانے کو اپنی نجات اور ثواب کا باعث جانا۔ اہلِ ایران نے واقعہ کربلا سے خصوصًا زیادہ سے

زیادہ اثر لیا۔ ہندوستان میں بھی اہلِ تشیع اور اہلِ سنت والجماعت دونوں مسلک کے مسلمانوں نے حُبِ اہلِ بیت اور غمِ شہادتِ حسینؓ میں خود کو کسی سے پیچھے نہ رکھا۔

مرثیہ نگاری صرف رونے رُلانے کا فن نہ رہی بلکہ اس میں ادبیت کی شان پیدا کی گئی اور فنِ شاعری کے جملہ لوازم کا خیال رکھا گیا۔ واقعہ نگاری، کردار نگاری، منظر نگاری، جذبات نگاری اور رزمیہ نگاری میں زباندانی و ہنروری کی پوری داد دی گئی۔ چنانچہ اس سلسلے میں میر ضمیرؔ، میر خلیقؔ اور انیسؔ و دبیرؔ کی کوشش بطور خاص قابلِ ذکر ہیں۔

دبستان لکھنؤ سے قبل دبستانِ دہلی میں بھی صوفیا اور مشائخ شعراء نے مراثی لکھے، سوداؔ اس گروہ کے سرخیل رہے۔ مگر لکھنؤ میں یہ فن اپنے عروج کو پہنچا۔ دہلی اور لکھنؤ کی طرح دبستانِ عظیم آباد بھی اس فن مرثیہ نگاری میں کسی سے کم اور پیچھے نہیں رہا ہے۔

سید عماد الدین عمادؔ پھلواروی، متوفی ۱۷۱۶ء، غلام نقشبند سجادؔ متوفی ۱۷۵۹ء، شاہ آیت اللہ جوہریؔ متوفی ۱۷۹۵ وغیرہ وہ نام ہیں جو متقدمین دہلی و لکھنؤ کے ساتھ رکھے جا سکتے ہیں۔ بقول ڈاکٹر اخترؔ اورینوی:

"دبستان عظیم آباد کے فنکاروں میں جدت و اختراع کا مادہ تو اتنا تھا کہ جب دورِ آخر میں یہاں دبستانِ لکھنؤ کا رنگ جمنے لگا تو بہت جلد عظیم آباد اسکول کے اساتذہ نے مقامی اور لکھنوی رنگ و آہنگ کو ترتیب دے کر ایک تازہ کار اسلوب و طرز پیدا کر لیا......

سب سے بڑھ کر یہ کہ انھوں نے اپنی روح اور مزاج کے امتیاز کو قائم رکھا۔ روایت کے محاسن میں نئی تبدیلیوں کے اچھے عناصر کو سمویا اور اردو ادب کے خزانے میں اضافہ کیا۔"

(بہار میں اردو زبان و ادب کا ارتقاء، صفحہ ۱۴۴)

طلیاں و ظہور، فرد و شورش، فغاں و عشق کے بعد شاد و شیدا کے نام زبان پر آتے ہیں۔ آج بھی دبستانِ بہار اردو ادب کے خزانے میں مسلسل اضافہ کررہا ہے۔ صرف ایک صنف مرثیہ نگاری کو لے لیجئے تو اس صدی میں بہتیرے قدآور شاعر یہاں نظر آئیں گے جو دیگر دبستانوں کی عظیم المرتبت شخصیتوں سے آنکھیں چار کرسکیں۔

حضرت قوس حمزہ پوری، علامہ قتیل داناپوری، حضرت سریر کابری، پرنسپل اجتبیٰ رضوی، پروفیسر جمیل مظہری، ہوش عظیم آبادی، احسن رضوی، شہزاد معصومی اور صابر آروی وہ نام ہیں جو انگلیوں پر گنے جاسکتے ہیں۔

فی الوقت میرے پیش نظر جناب صابر حسین صابر آروی کے نصف درجن مراثی کا مجموعہ "آئینۂ عرفاں" ہے۔ جس میں حسب ذیل مراثی ہیں۔

۱۔ وقت سحر ملی جو بصیرت نگاہ کو	۲۱ بند
۲۔ ملنے لگی جو روشنی ایماں کے ماہ سے	۲۰ بند
۳۔ کربلا صاحب ایماں کے لئے فکر جمیل	۲۰ بند
۴۔ رازِ توہماتِ جہاں ہم سے پوچھئے	۲۱ بند

۵۔ عجز و نیاز مندی کی توقیر دیکھئے ۲۰ بند

۶۔ فکر و نظر کے پھول کھلے جب دماغ میں ۲۰ بند

مختلف عنوان سے اس مجموعۂ مراثی میں ۲۰ رباعیاں بھی ہیں جنہیں یقیناً جرعاتِ عرفانی کہا جاسکتا ہے۔

قرن حاضر کے پہلے دوسرے دہے سے ہی حرکت و عمل اور ہنگامِ حیات کی حامل شاعری زور پکڑ چکی تھی۔ قربانی اور سرفروشی کے اس مسلک کو عملی زندگی میں مولانا محمد علی جوہر نے بڑے خلوص کے ساتھ برتا۔ انھوں نے اپنے پیغام میں دلکشی، قوت اور تاثیر پیدا کرنے کے لئے حضرت امام حسین علیہ السلام کو مثالی ہیرو کی حیثیت سے پیش کر کے مسلمانوں کو ایثار اور جانبازی کا سبق دیا اور سچ پوچھئے تو دہلی لکھنؤ، دکن اور عظیم آباد کی روایتی مرثیہ نویسی کو از سرِ نو زندگی عطا کی۔

سینچا تھا اس کو اپنے لہو سے حسینؑ نے
اب چاہے اس چمن کو خزاں دے بہار دے

پیغام ملا تھا جو حسینؑ ابن علیؑ کو
خوش ہوں وہی پیغامِ قضا میرے لئے ہے

ہم عیش دو روزہ کے بھی منکر نہیں لیکن
ایماے شہہ کرب و بلا اور ہی کچھ ہے

ظاہر ہے اس عہد کی اس گونج نے نئی نسل کو بیحد متاثر کیا اور صابر آروی نیز اس قبیل کے دیگر شعرائے اپنی شاعری کو نہ صرف غزلوں اور نظموں تک محدود رکھا بلکہ اپنے عقیدۂ وایمان والی شاعری یعنی سلام ومراثی کو بھی اس آواز سے ہم آہنگ کیا جو پورے ہندوستان کو بیدار کر رہی تھی۔

مثال کے طور پر ہم صابر آروی کے مراثی سے چند منتخب بند پیش کرتے ہیں جو میرے دعووں کی دلیل ہوں گے۔

مولا دل و دماغ کو جوشِ وِلا ملے
میرے قلم کو اور زباں کو صلا ملے
در سے ترے، حقیر کو راہِ خدا ملے
تُو جانتا ہے خوب کہ کب مجھکو کیا ملے

جب الجھنوں میں زیست کے ہنگام آئے ہیں
آقا ترے ہی در سے صلے ہم نے پائے ہیں

مرثیہ ۱ بند ۵

کربلا صاحبِ ایماں کے لئے فکرِ جمیل
کربلا کرتی ہے افسانۂ دل کی تکمیل
کربلا ذہن کی آسودہ مزاجی کی کفیل
ہے اندھیرے کے لئے رحمتِ حق کی قندیل

اہلِ ایماں کو بصیرت کی ضیا ملتی ہے
اس چمن زار میں خوشبوئے وفا ملتی ہے

۲۶

جادۂ صبر و رضا سہل نہیں مشکل ہے
جس کی ہر راہ ہے دشوار یہ وہ منزل ہے
جس طرف دیکھئے بس تیغ بکف قاتل ہے
آزمائش کے لئے صرفۂ خونِ دل ہے
حق کی آواز کو ایسے میں سنانے کے لئے
تھے حسینؑ ابن علیؑ راہ دکھانے کے لئے

(مرثیہ نمبر ۳ بند نمبر ۱۹)

کر کے زمینِ گرم کو حضرت نے لالہ زار
اسلام کے چمن کو عطا کی نئی بہار
کیا عزم استوار تھا کیا قلب استوار
حیراں ہے ذہنِ کاتبِ تاریخِ روزگار
غرّہ نہیں کسی کو سخن پر بیان پر
مولا کا فیض عام ہے سارے جہان پر

(مرثیہ ۷ بند نمبر ۱۱)

سچی بات یہ ہے کہ موقع، عہد، منصب انسان کی صلاحیتوں اور اس کی فنکاری کو شہرت دیتے ہیں۔ اکثر ایسا ہوا ہے کہ ایک باصلاحیت باشعور اور منفرد فنکار مناسب ماحول، موافق عہدہ و منصب سے محروم رہ کر شہرت سے بھی محروم ہو اور گوشہ گمنامی اس کو نگل جائے۔ اس تحقیق و تنقید کے دور میں ایسے

شاعروں، ادیبوں اور فنکاروں کو روشناس خلق کرنے کی ضرورت ہے اور ان کے کلام کا تجزیاتی، تنقیدی اور تقابلی مطالعہ کر کے صحیح طور پر ان کے مقام و مرتبہ کی تعیین ہونی چاہیے۔

مسرت کی بات ہے کہ جناب صابر آروی ایک ایسے خانوادے کی فرد ہیں جو نسلاً در نسل اردو ادب بالخصوص شعری ادب اور بطور خاص سلام و نوحہ و مراثی نویسی کی خدمت انجام دیتا رہا ہے

اس علمی و ادبی گراوٹ کے دور میں صابر آروی نے خون جگر صرف کر کے جو شعری کارنامے انجام دیئے ہیں وہ یقیناً لائق صد ستائش ہیں۔

صابر آروی کے مراثی میں ہمیں وہ بیانیہ اوصاف کارفرما نظر آتے ہیں جن سے مراثی پڑھنے اور سننے میں وہی لطف اور جذبات کی وہی گرمی ملتی ہے جو تصنیف مراثی کے مقصد میں شامل ہے۔

اظہار بیان کی سادگی و سنجیدگی، فکر و فلسفۂ حیات و کائنات، پر اسلامی عقائد کی روشنی میں غور و خوض کا رجحان، مثبت انداز، رجائیت اور ان سب کے ساتھ ساتھ ہر جگہ فنی و ادبی لحاظ سے شعریت و تغزل کی آمیزش صابر آروی کی خصوصیات سے ہیں۔ معاصر مرثیہ گویوں میں صابر اپنا مقام محفوظ رکھتے ہیں۔

مرثیہ کہتے ہی ذہن میں انیس کا نام آتا ہے اور انیس کے مرثیوں کے ساتھ ان کی رباعیاں بھی یاد آجاتی ہیں۔ حق یہ ہے کہ اردو میں فن رباعی گوئی کو بھی انیس نے بڑی رفعت بخشی ہے۔ انیس مرثیوں سے پہلے رباعی پڑھا کرتے تھے اور یہ سنت

انیس آج بھی رائج ہے۔ جناب صابر آروی نے اس عظیم الشان روایت کا پاس رکھا ہے اور صنف رباعی میں بھی طبع آزمائی کی ہے۔ اس حقیقت سے انکار مشکل ہے کہ صابر کی طبیعت رباعی سے بھی ایک خاص انسیت رکھتی ہے۔ ذہن وفکر کا میلان اس میدان میں بھی انھیں بلند دکھاتا ہے۔

رباعی کا تعارف، اس کی خصوصیات اور مجموعی طور پر اس فن سے مطلع حضرات صابر کی ان رباعیوں سے لطف اندوز ہوں گے۔

اللہ جو دیتا ہے وہ لی لیتے ہیں گر زہر بھی ملتا ہے تو پی لیتے ہیں
کرتے نہیں شکوہ وہ زباں سے کوئی ہنس ہنس کے جگر کا چاک سی لیتے ہیں

اللہ کے بعد مصطفٰےؐ کا درجہ بعد ان کے علی مرتضٰیؑ کا درجہ
لازم ہوئی پھر تو فاطمہؑ کی تعظیم بعد ان کے ہے حسنینؑ کا اونچا درجہ

ہونٹوں پہ گلِ مدحتِ حیدرؑ جو کھلا اس دل کو ملی روشنیٔ حب ولا
چوما ہے تصوّر میں درِ بابِ علوم بخشی ہے مرے ذہن کو مولاؑ نے جِلا

انساں کے دلوں سے خود نمائی نہ گئی تصویرِ خیال بھی بنائی نہ گئی
ایمان سے جو دور رہے انکے یہاں تنویرِ تجلّیات پائی نہ گئی

(ڈاکٹر) پروفیسر طلحہ رضوی برقؔ دانا پور

29

۴۸۶

صابر آروی کا مجموعۂ مراثی "آئینۂ عرفاں" ایک مختصر تاثراتی جائزہ

مرثیہ گوئی ایک ایسا فن ہے جس کی زندگی بلکہ دوامی زندگی کی ضمانت دی جا سکتی ہے اس لئے کہ اس فن کا لگاؤ غمِ حسینؑ سے ہے۔ یہی وجہ ہے کہ کلاسکی غزلیں، تضمین گوئی اور اشعار کی دوسری شکلیں دم توڑ رہی ہیں جبکہ غمِ حسینؑ کی فیاضی سے مرثیہ کا چہرہ نکھرتا جا رہا ہے اور رنگا رنگ ٹیکنیک سے مزیّن ہو کے آج بھی دلوں کو آواز دے رہا ہے، دماغوں میں جگہ بنا رہا ہے۔ سچ پوچھئے تو اردو ادب سے اگر مرثیہ نکال دیا جائے تو وہ ایسا ٹُنڈ مُنڈ درخت ہو جائے گا جو اپنی شاخوں، پتیوں اور پھولوں سے محروم ہو چکا ہے۔ ایک سوکھا ہوا درخت۔ یہ غمِ حسینؑ کا بڑا احسان ہے اردو ادب پر کہ اب لوگ ہندی رسم الخط میں بھی

۳۰

اردو سکھ کے عزاداری کے حقوق کو ادا کر رہے ہیں

مرثیہ گوئی ایک تاریخ ہے جس کا لگاؤ عربی ادب سے ہے۔ جاہلیتِ عرب میں ادبِ عربی کے شاہکار مرثیے کہے گئے تھے جن میں رسائیت کے ساتھ ادبیت کی چمک سب کو اپنی طرف متوجہ کر لیتی تھی۔ اسلامی عرب میں بھی چونکہ غمِ حسینؑ ایک حقیقت بن کے سامنے آیا اس سے جاہلیت عرب کے جنگی کارناموں، رجز خوانیوں، ہجو گوئیوں کو شریعت میں کوئی جگہ نہیں مل سکی۔ دینِ فطرت نے غمِ حسینؑ کی ترجمانی خود اپنی کتاب میں کی، ارشاد ہوتا ہے۔ یوسفؑ کی گمشدگی پر باپ نے بیٹے کا مرثیہ یوں لکھا "وَا اَسفَا عَلیٰ یوسفؑ"۔ ہائے یوسفؑ جبکہ آنکھ بینائی سے محروم ہو چکی تھی اور جب قرآن نے مرثیہ گوئی کو ایک فعل مستحسن قرار دیا ہے تو پھر شعرائے عرب نے خوب حوصلے نکالے۔ اسلام کے دور کا پہلا مرثیہ صدیقۂ طاہرہؑ نے "صَبّت علیٰ مصائب" شروع کیا تو دوسرا مرثیہ مولائے کائناتؑ نے صدیقۂ طاہرہؑ کا لکھا۔ غرض مرثیہ گوئی پر حالات زمانہ کا کوئی اثر نہیں ہو سکا بلکہ فارسی، عربی اور اردو میں بہترین مرثیے لکھے جاتے رہے ہیں۔ عرب میں اب بھی مرثیے لکھے جاتے ہیں۔ اور اردو ادب میں کیا کہنا۔ کسی بھی دور کا شاعر اپنے کلام کو اس وقت تک نامکمل سمجھتا ہے جبتک وہ مرثیہ گوئی کا کوئی کارنامہ انجام نہ دے۔ حد تو یہ ہے کہ مغربی ادب بھی ترجمانی غمِ حسینؑ سے خالی نہیں ہے۔ اس لئے کہ غم فطرتِ انسانی کے بڑے حصے پر چھایا ہوا ہے۔ یہاں تک کہ جو شاعر شیر کی طرح رجز خوانیاں کرتا ہوا اپنی زندگی گذارتا ہے وہ بھی اس بات کا اعتراف کرتا

ہے کہ ؎ قہقہے تک میں جو شش پنہاں ہے
ایک ہلکی سی کرب کی آواز

اور جس جگر مرادآبادی نے اپنی زندگی گنگنانے میں گذار دی وہ بھی اعتراف کرتا ہے کہ

؎ ہم نے دیکھے ہیں جاگتے ہوئے دل
ہم سے پوچھو ستم کے احسانات

بہرکیف اس وقت میری نظر میں جناب صابرؔ آروی کے مرثیے ہیں جو مرثیہ گوئی میں ایک اہم مقام رکھتے ہیں۔ صابرؔ آروی نے ایک تجربہ کیا ہے اور پچھلے کئی سالوں سے وہ تجربہ کرتے چلے آرہے ہیں۔ اور وہ تجربہ ہے صنف مرثیہ نگاری میں اس کے سارے لوازمات کو ملحوظ رکھتے ہوئے مختصر مرثیوں کی تصنیف کو جاری رکھنا اور مجموعی تاثر کو برقرار رکھنا۔ میرے سامنے ان کے نہایت منجھے ہوئے ترشے ترشائے ہوئے بندوں اور بیتوں سے مزین مراثی ہیں۔ ان مرثیوں میں پرانی تیکنیک استعمال کی گئی ہے۔ چار مصرعے ہم قافیہ اور دوسرے مصرعے ہم قافیہ جن سے مسدس کی شکل میں ایک بند بنتا ہے۔ میر انیسؔ کے زمانے میں مرثیہ کے مختلف اعضا و جوارح ہوتے تھے۔ چہرہ۔ منظر کشی۔ تلوار کی تعریف۔ گھوڑے کی تعریف۔ جنگ۔ مصائب جسے اُس زمانے میں بین کہتے تھے۔ لیکن شاید جوشؔ نے مرثیہ کو حالات زمانہ کے تحت نئی شکل دی یہ الگ بات ہے کہ ان کے مرثیوں میں رہائیت کم رجز خوانی زیادہ ہے لیکن صابرؔ آروی کے مرثیوں میں مرثیہ گوئی کے سارے

تقاضے پورے کئے گئے ہیں۔ زیر نظر کتاب "آئینۂ عرفاں" میں چھ مرثیے ہیں جن میں چار مرثیے بیس۲۰ بند کے ہیں اور دو مرثیے اکیس۲۱ بند کے۔ جو سب سے خاص بات ہے وہ یہ کہ ہر مرثیہ کا چہرہ بے حد تابناک ہے۔ چہرہ سے مراد مطلع ہے، چونکہ کسی بھی نظم کا مطلع ہی بتاتا ہے کہ نظم آمد کا نتیجہ ہے یا آورد کا۔ بندش کی چستی، الفاظ کی نشست و برخاست۔ الفاظ کا انتخاب اور سب سے بڑی چیز بے ساختگی اور برجستگی اس بات کی طرف اشارہ کرتی ہے کہ آنے والے بند آمد کا نتیجہ ہیں آورد کا نہیں۔ میں نے صابرؔ آروی کے بہت سے مرثیے پڑھے ہیں اور اس نتیجے پر پہنچا ہوں کہ موصوف نے حالات زمانہ کو دیکھتے ہوئے اپنے مرثیوں کے مطلعے پر خاص توجہ دی ہے " آئینۂ عرفاں " کا پہلا مرثیہ ملاحظہ فرمائیے جو یہاں سے شروع ہوتا ہے ؎

وقتِ سحر ملی جو بصیرت نگاہ کو
رخصت ملی نجومِ فلک کی سپاہ کو
کچھ تازہ روشنی ملی ایماں کی راہ کو
حاضر شعور و عزم تھے جن پر نباہ کو

پڑھکر درود ہم جو مصلّے پہ آگئے
جلوے سمٹ کے قلب ونظر میں سماگئے

اس بند کی بیت بے حد لاجواب ہے۔ شاعر نے اپنے دن کی ابتدا محبت اہلبیتؑ اور فریضۂ سحری سے کی اور اب آنے والے وقت میں دشواریوں کا سوال ہی پیدا

نہیں ہوتا اس لئے شاعر کہتا ہے ۔

ع دشوار راہ زیست کی آساں خدا نے کی

دوسرے مرثیے کا مطلع ملاحظہ فرمائیں۔ بے ساختگی ، برجستگی ، سالمیت اور بندش کی جس قدر تعریف کی جائے کم ہے۔ پہلا مرثیہ صبح کی طرف اشارہ کرتا ہے دوسرا شام کی طرف ۔ شاعر کہتا ہے ۔

ع ملنے لگی جو روشنی ایماں کے ماہ سے
جلوے سمٹ کے آئے عقیدت کی راہ سے
اُٹھنے لگے حجاب کے پردے نگاہ سے
پائی نجات تیرگیٔ اشتباہ سے

لفظوں کو اِذنِ عام ہے مدحِ امامؑ میں
مضمون ڈھل رہے ہیں مودت کے جام میں

یہ تو میں نے مثال کے طور پر دو بند آپ کے سامنے رکھے ۔ اب آپ "آئینۂ عرفاں" کا مطالعہ کیجئے تو آپ کو معلوم ہوگا کہ مطلعوں کی برجستگی پورے مرثیے پر اثر انداز ہوئی ہے اور مطلع کے تاثر کو شاعر نے مرثیہ میں برقرار رکھنے کی بھرپور کوشش کی ہے ۔

صحیح بات تو یہ ہے کہ ہمارے ادبی نقادوں کے پاس اشعار کی پیمائش اور ان کی قدر و قیمت معین کرنے کے لئے کوئی پیمانہ نہیں ہے ۔

یہ بات اپنی جگہ بالکل سچ ہے شاعری کو نہ مقدر کہا جاسکتا ہے نہ اُسے ایک پیمانے میں ناپا جاسکتا ہے ۔ اگر انسانی جذبات کی لہروں کو ناپا جاسکتا تو ممکن

ہے کہ شاعری کو مقدر کہا جا سکتا تھا، اس لئے کہ جذبات کو نام دینا ہی شاعری ہے۔ یعنی جذبات جب مقام گفتگو میں آجائیں تو شاعری بن جاتے ہیں۔ میں نے بہت کوشش کی کہ صابر آروی کے کلام کی کوئی قدر معین کرسکوں لیکن میں اپنی اس کوشش میں ناکام رہا اس لئے میں نے یہ فیصلہ کیا کہ جو بند مجھے اچھے لگے اچھا ہے۔ اور اس کی وجہ کو میں صیغۂ راز میں ہی رکھنا چاہتا ہوں ورنہ اندیشہ ہے کہ مقالہ طویل ہوجائے گا اور پڑھنے والا میری عینک لگا کے مرثیہ پڑھنا شروع کردیگا۔ سچ تو یہ ہے کہ ادب کی دنیا میں قدر و قیمت کا تعین کرنے کا حق صرف سامعین و قارئین کی عدالت کو حاصل ہے اور جس کے فیصلے کو رد نہیں کیا جا سکتا۔

میں مزید ایک بند جناب صابر آروی کا پیش کرتا ہوں کیونکہ اس بند میں کچھ منفرد مصرعے ایسے ہیں جنھیں "حدیث کساء" کا آزاد ترجمہ کہا جاسکتا ہے۔

۵ وارث اب اور کون یہاں پنجتنؑ کا ہے
باقی ہم ہی سے نام و نشاں پنجتنؑ کا ہے
جو کچھ کلامِ حق ہے بیاں پنجتنؑ کا ہے
ہے مختصر کہ سارا جہاں پنجتن کا ہے

زور یدِ الٰہی کے اثر ہم نے پائے ہیں
قرآں میں بیان ہمارے ہی آئے ہیں

امام حسینؑ گلدستۂ پنجتنؑ کا آخری گلاب تھے جس کے اندر سرکارِ دوعالم سے امام حسنؑ تک تمام پھولوں کی خوشبو کا نچوڑ پایا جاتا ہے۔ اس بند میں خطابت کا

لہجہ اور امامت کا رعب و دبدبہ پایا جاتا ہے۔

اِسی مرثیے کا ایک اور بند بھی اپنے لہجہ کی لطافت، زبان کی سلاست، خیالات کی آمد اور بے تکلف اظہار کی بہترین مثال ہے۔

ؔ اُٹھے سرِ غرور تو ہم کاٹ دیتے ہیں
نخلِ خودی کے برگ و ثمر چھانٹ دیتے ہیں
حائل جو ہو خلیج تو ہم پاٹ دیتے ہیں
دیتا ہے جو خدا اسے ہم بانٹ دیتے ہیں
تلواریں پھینکو، دولتِ ایماں سمیٹ لو
ہم نورِ حق ہیں، نورِ درخشاں سمیٹ لو

چوتھا مصرعہ سورۂ دہر کی تفسیر کرتا ہے تو چھٹے مصرعے میں سورۂ نور چمک رہا ہے۔ بہر حال میں یہ نہیں کہہ سکتا کہ مرثیہ کا یہ بند حرف آخر ہے جو صابر آروی کی زبان سے بس نکل گیا اور اب کوئی مرثیہ کہنے والا نہیں ہے مگر مرثیہ گوئی کی راہ کا سنگ میل تو اسے کہا ہی جا سکتا ہے۔ صابر نے مرثیہ کا ایک راستہ دکھا دیا ہے۔

ؔ صلائے عام ہے یارانِ نکتہ داں کے لئے

دیکھئے غم فطرتِ انسانی ہے اور اظہارِ غم انسان کے بنیادی حقوق میں شامل ہے۔ جس سے حیات کا پتہ چلتا ہے۔ غم ہی کے کانٹے پر حیات کی قدریں تولی جاتی ہیں۔ اس لئے کسی انسان کو نعمتِ غم سے محروم نہیں کیا جا سکتا ہے

نہ اظہارِ غم سے روکا جا سکتا ہے۔ فطرت پر پابندیاں نہیں عاید ہوتیں۔ شعرار اہلبیت کی ایک خاص بات ایسی ہے جو دنیا کے کسی بھی ادب کو حاصل نہیں کہ ہمارے شعرار آخرت کو ہدف بنا کے جب غم کی انتہا کو پہنچتے ہیں تو کعبۂ مصائبِ کربلا کے سامنے سجدہ ریز ہو جاتے ہیں اور سب سے بڑی بارگاہِ غم کو اپنا موضوع بناتے ہیں جس کے نتیجے میں کربلا کے جزئیات بھی مرثیہ کے کلیات ہو جاتے ہیں اور ادب میں اضافہ ہوتا چلا جاتا ہے۔ صابر آروی کے رسائی کلام کو میں اِسی نقطۂ نظر سے دیکھتا ہوں۔

ہاں ایک بات ضرور ہے کہ فکر کا تسلسل کبھی الفاظ میں ظاہر نہیں ہو پاتا گو شاعر کا ذہن کتنا ہی منظم ہو کہیں کلام بے ربط سا ہو ہی جاتا ہے۔ مرثیہ کا ہر بند اپنی جگہ ایک مکمل نظم ہوتا ہے اس لئے شاعر کو فکری تسلسل کے ساتھ لفظی تسلسل کا بھی خیال رکھنا ضروری ہے اور صابر آروی صاحب کو اس کی طرف متوجہ ہونا چاہیئے۔

میری دعا ہے کہ صابر جیسے شعرا اور خود صابر آروی بھی کربلا کے موضوع پر زیادہ سے زیادہ لکھیں اس لئے کہ ابھی یہ پیغام اتنا عام نہیں ہوا ہے جتنا عام کرنا حضرت زینبؑ کی تمنّا تھی۔

ع سفینہ چاہیئے اس بحرِ بیکراں کے لئے

(مولانا) سید شاہ مظاہر حسین
مدرس اعلیٰ
مدرسہ اسلامیہ کھجوا (سیوان)

۳۷

(۱) ۷۸۶

وقتِ سحر ملی جو بصیرت نگاہ کو

وقتِ سحر ملی جو بصیرت نگاہ کو
رخصت ملی نجوم فلک کی سپاہ کو
کچھ تازہ روشنی ملی ایماں کی راہ کو
حاضر شعور و عزم تھے جسپر نباہ کو

پڑھ کر درود ہم جو مصلّے پہ آ گئے
جلوے سمٹ کے قلب و نظر میں سما گئے

حمد و ثنائے رب کے زباں پر کلام تھے
صلّ اللہ کے ساتھ درود و سلام تھے
محوِ سجودِ حق جو سبھی خاص و عام تھے
ہر مدح خواں کے واسطے کوثر کے جام تھے

بندوں پہ سہل مشکلیں ربِّ علا نے کی
دشوار راہِ زیست کو آساں خدا نے کی

۳۸

کن رحمتوں کا رب کے کوئی تذکرہ کرے
بندہ زباں سے کیسے ثنائے خدا کرے
حقِ عبودیت کو بھلا کیا ادا کرے
جبتک نہ سہل مشکلیں مشکل کشا کرے

در پر جھکے اُسی کے جبیں اعتقاد کی
بجھنے نہ پائے شمعِ یقیں اعتقاد کی

شمعِ یقیں کی پھیلی رہے روشنی تمام
ضو باریاں ہوں شمعِ یقیں کی یہاں مدام
شمعِ یقیں کی ضو میں گذر جائے صبح و شام
شمعِ یقیں سے پاؤں ولائے شہِ انام

مولا کا نام وِردِ زباں ہو کچھ اسطرح
صحنِ چمن میں مہکیں گُل و لالہ جسطرح

مولا دل و دماغ کو جوشِ ولا ملے
میرے قلم کو اور زباں کو صلہ ملے
در سے ترے حقیر کو راہِ خدا ملے
تو جانتا ہے خوب کہ کب مجھکو کیا ملے

جب اُلجھنوں میں زیست کے ہنگام آئے ہیں
آقا ترے ہی در سے صلے ہم نے پائے ہیں

۳۹

ہے فخر مجھکو تیری غلامی عطا ہوئی
بیتابیوں میں نرم خرامی عطا ہوئی
گفتار میں بھی شیریں کلامی عطا ہوئی
ہنگام زلیست فکرِ عوامی عطا ہوئی
تو مہرباں رہے تو نہیں کوئی غم مجھے
جب تو مسیحِ درد ہو پھر کیا اَلم مجھے

خنکی عقیدتوں کی جو آئی دماغ میں
خوشبو سی آکے بس گئی اسی دل کے باغ میں
کچھ روشنی سوا ہوئی مدھم چراغ میں
بھرنے لگی شرابِ مودّت ایاغ میں
مولاؑ سے اذن لے کے سوئے نینوا چلا
ارضِ نجف سے جانبِ کرب و بلا چلا

آکر ہوا دیارِ شہاؑ میں ہو جو سجدہ ریز
آنکھوں سے مس کیا قدمِ شاہؑ کو ستیز
چاروں طرف تھی فوجِ ضلالت جو کینہ بیز
ممکن نہ تھی ہوا کو ذرا مہلتِ گریز
فوجوں کا اژدھام تھا اور فاطمہؑ کا ماہ
دکھلا رہے تھے صبر کھڑے شاہِ دیں پناہ

۴۰

ناگہہ گہر فشاں ہوئے لب ہائے شاہؑ دیں
آمادہ بہرِ جنگ ہو تم کس سے اہلِ کیں
اپنے رسولِؐ حق کا تمھیں پاس بھی نہیں
تم ہم سے دُور رہتے ہو رہنا تھا جب قریں
اللہ اور رسولؐ کا فرمان بھُول کر
عقبیٰ خراب کرتے ہو قرآن بھُول کر

ایمان کے چراغ کو کیسے بجھاؤ گے
اس جنگ اِس جدال سے کچھ بھی نہ پاؤ گے
اولادِ فاطمہؓ کا لہو جب بہاؤ گے
مرنے کے بعد تم کبھی بخشے نہ جاؤ گے
کچھ تو ڈرو خدا سے، خدا کے رسولؐ سے
رغبت رکھو سعادتِ عقبیٰ کے پھول سے

لڑنے کا ہم نہیں ہیں ارادہ لئے ہوئے
ہیں آج بھی تو قلبِ کشادہ لئے ہوئے
اُمت کا درد دل میں زیادہ لئے ہوئے
آئے ہیں بس نجات کا جادہ لئے ہوئے
پھر بھی گریز کرتے ہو ایماں کی راہ سے
کیسے بچائے رکھو گے حالِ تباہ سے

ناگہہ گہر فشاں ہوئے لب ہائے شاہؑ دیں
آمادہ بہرِ جنگ ہو تم کس سے اہلِ کیں
اپنے رسولِؐ حق کا تمھیں پاس بھی نہیں
تم ہم سے دُور رہتے ہو رہنا تھا جب قریں
اللہ اور رسولؐ کا فرمان بھول کر
عقبیٰ خراب کرتے ہو قرآن بھول کر

ایمان کے چراغ کو کیسے بجھاؤ گے
اس جنگ اِس جدال سے کچھ بھی نہ پاؤ گے
اولادِ فاطمہؓ کا لہو جب بہاؤ گے
مرنے کے بعد تم کبھی بخشے نہ جاؤ گے
کچھ تو ڈرو خدا سے، خدا کے رسولؐ سے
رغبت رکھو سعادتِ عقبیٰ کے پھول سے

لڑنے کا ہم نہیں ہیں ارادہ لیے ہوئے
ہیں آج بھی تو قلبِ کشادہ لیے ہوئے
اُمت کا درد دل میں زیادہ لیے ہوئے
آئے ہیں بس نجات کا جادہ لیے ہوئے
پھر بھی گریز کرتے ہو ایماں کی راہ سے
کیسے بچائے رکھو گے حالِ تباہ سے

۴۲

یہ کہہ چکے تو ہو گئے شاہِ زمن خموش
فوجِ لعیں میں اُٹھنے لگا جنگ کا خروش
کافور ہو چکے تھے جو عقل و شعور و ہوش
فتنے دل و دماغ میں دکھلا رہے تھے جوش
سب بد نہاد جمع تھے ایمان کے خلاف
نعرے بلند ہوتے تھے قرآن کے خلاف

ایسے میں شاہِ دیں نے دکھایا کمال صبر
آنے دیا نہ قلبِ مطہّر پہ کوئی جبر
کافی تھی اہلِ شر کے لئے اک نگاہِ قہر
آجاتا تہلکے میں سماوات و برّ و بحر
اُٹھنے دیا نہ نوحؑ کا طوفاں جہان میں
کی بد دعا نہ اُمّتِ احمدؐ کی شان میں

بڑھنے لگی تھی فوجِ یزیدی برائے جنگ
اُٹھنے لگی چہار طرف سے صدائے جنگ
قرنا پھنکی تو بندھ گئی گویا ہوائے جنگ
چارہ نہ شاہِ دیں کو رہا اب سوائے جنگ
اب تک تو سب رفیقوں کو روکے رہے حسینؑ
جذبات سب کے دیکھ کے چپ ہو گئے حسینؑ

۴۳

پڑھ کر درود آپ نے اذنِ وغا دیا
عباسؑ کو علم دیا، تاجِ وفا دیا
الفت کا دلدہی کا سبھوں کو صلہ دیا
پھر سب نے پائے شاہؑ پہ سر کو کٹا دیا

آخر میں آپ فوج پہ جھپٹے جو بات میں
اک شور الاماں کا اٹھا کائنات میں

میدان میں عدو کے سروں پر جو سر گرے
بھائی کے ساتھ ساتھ پسر اور پدر گرے
سردارِ فوجِ شام سبھی نامور گرے
بے جنگ خوفِ شاہ سے کچھ بے سپر گرے

اللہ رے حسینؑ کی وہ کربلا کی جنگ
تا حشر ایسی ہو گی نہ راہِ خدا کی جنگ

دنیائے بے ثبات نے بدلے ہزار رنگ
ابتک ہیں سب کو یاد یہاں بے شمار رنگ
چہروں پہ آتے جاتے رہے بار بار رنگ
لیکن بھلا سکے گی نہ دنیا یہ چار رنگ

داغِ فراق و شدتِ غم اور تشنگی
کیسے بھلایا جائے گا زورِ گرسنگی

۴۴

تاحشر ہو سکے گا نہ ایسا خداشناس
اسلام کو عطا کیا جس نے نیا لباس
دینِ محمدیؐ ہی رہی جس کی کُل اساس
رکھی متاعِ نورِ خدا جس نے اپنے پاس

صابرؔ دعائیں مانگو شہِ مشرقین سے
لپٹے رہو سدا یوں ہی پائے حسینؑ سے

۴۵

۸۶ـ

(۲)

ملنے لگی جو روشنی ایماں کے ماہ سے

ملنے لگی جو روشنی ایماں کے ماہ سے
جلوے سمٹ کے آئے عقیدت کی راہ سے
اُٹھنے لگے حجاب کے پردے نگاہ سے
اب خوف کیا ہو تیرگیٔ اشتباہ سے

لفظوں کو اذنِ عام ہے مدحِ امامؑ میں
مضمون ڈھل رہے ہیں مودت کے جام میں

نامِ حسینؑ صفحۂ تاریخ میں جلی
حلقوں میں باطلوں کے اسی سے ہے کھلبلی
مُشکل پڑے تو منہ سے نکلتا ہے یا علیؑ
جوشِ وِلا میں بڑھنے لگی دل کی بیکلی

لپٹے ہوئے ہیں ہم قدم شاہِ دیں کے ساتھ
وارفتگیٔ قلب ہے دینِ مبیں کے ساتھ

۴۶

رحمت ملی بہ فیضِ رسولؐ خدا ہمیں
کی نعمتیں جہان کی رب نے عطا ہمیں
دامن سے شاہِ دیں کے رہا واسطہ ہمیں
ملتا رہا ہے در سے اُنھیں کے صلہ ہمیں

افکار معتدل ہیں خیالات معتبر
اب کیوں نہ عمر بھر رہیں حالات معتبر

لازم صفائے قلب ہے انساں کے واسطے
مہر و وفا ہے شرط مسلماں کے واسطے
توفیق رب کی چاہیے ایماں کے واسطے
دل میں سدا خلوص ہو مہماں کے واسطے

بھولے ہوئے تھے لوگ مگر اِس اصول کو
سمجھا نہ میہماں کبھی ابنِ رسولؐ کو

فوجِ لعیں کا ظلم تھا شاہِؑ انام پر
جور و جفا روا تھی شہِؑ تشنہ کام پر
تیروں کا مینھ برستا تھا بیکس امامؑ پر
برپا تھے سب فساد یہ بیعت کے نام پر

گھیرے ہوئے تھے خون کے پیاسے حسینؑ کو
درپیش امتحان تھا شاہِؑ مشرقین کو

۴۷

نانا کا خُلق لے کے شہ دیں جو آئے تھے
کاندھے پہ دین حق کے عَلم کو اٹھائے تھے
بابا کا زور قلب کے اندر بسائے تھے
مادر سے صبر و ضبط کے سب طور پائے تھے
دکھلا رہے تھے زور جو مادر کے شیر کا
کچھ بس نہ چلنے پاتا تھا فوجِ کثیر کا

لے دے کے بس سوال تھا بیعت جو کیجئے
پہرہ اُٹھے گا نہر سے پانی بھی پیجئے
آرام بھی اٹھائیے راحت بھی لیجئے
فوجِ لعیں کو ظلم کا موقع نہ دیجئے
لشکر جو مختصر ہے تو کیا کر سکیں گے آپ
خالی پڑی ہیں مشکیں تو کیا بھر سکیں گے آپ

بچوں میں شور و شین بھی ہے قحط آب پر
آب و غذا کا قحط بڑھے گا جناب پر
سنبھلے گا کیسے پاؤں کسی کا رکاب پر
اب پھر سے غور کیجئے حضرت جواب پر
اب تو قبول کیجئے بیعت یزیدؔ کی
بیکار ہے دہائی کلامِ مجید کی

۴۸

باتیں یہ سُن کے غیظ میں عباسؑ آگئے
غصہ یہ تھا کہ سب رفقا تھرتھرا گئے
جوشِ ولائے شاہؑ کے جوہر دکھا گئے
جونہی مگر اشارۂ شبیرؑ پا گئے
حدِ ادب سے روک لیا اپنے جوش کو
خوش تھے حسینؑ دیکھ کے ان کے خروش کو

فرمایا شہؑ نے فوج سے مہمل سوال ہے
میں بیعتِ یزیدؑ کروں یہ محال ہے
ڈوبا ہوا بدی میں وہ اہلِ ضلال ہے
اس کے حشم کو چند دنوں میں زوال ہے
ایماں کا سر بلند تھا اب بھی بلند ہے
باطل سدا جہان میں ذلت پسند ہے

یہ کرّ و فر یہ جاہ و حشم سب فضول ہے
قہرِ خدا کی آندھی کے آگے یہ دھول ہے
تا حشر سُرخ رُو فقط آلِ رسولؐ ہے
شاداب صرف نخل جناب بتولؑ ہے
آجائے غیظ جب تو اماں تک نہ پاؤ گے
اس جنگ میں مروگے جہنم میں جاؤ گے

۴۹

اُٹھے سرِ غرور تو ہم کاٹ دیتے ہیں
نخلِ خودی کے برگ و ثمر چھانٹ دیتے ہیں
حائل جو ہو خلیج تو ہم پاٹ دیتے ہیں
دیتا ہے جو خدا اُسے ہم بانٹ دیتے ہیں

تلواریں پھینکو دولتِ ایماں سمیٹ لو
ہم نورِ حق ہیں نورِ درخشاں سمیٹ لو

وارث اب اور کون یہاں پنجتن کا ہے
باقی ہم ہی سے نام و نشاں پنجتن کا ہے
اللہ کے کرم سے بیاں پنجتن کا ہے
ہے مختصر کہ سارا جہاں پنجتن کا ہے

زورِ یدِ الٰہی کے اثر ہم نے پائے ہیں
قرآں میں بیان ہمارے ہی آئے ہیں

اُمت سے نانا جان کی کیوں جنگ ہو روا
کتنا عزیز رکھتے تھے اُمت کو مصطفےٰ
سب جبر سہہ کے اُٹھے علیؑ اور مجتبیٰؑ
مادر نے میری صبر کا جوہر دکھا دیا

اب مجھ سے یہ سلوک گوارا نہ چاہئے
اے کلمہ گو یوں ہم سے کنارا نہ چاہئے

۵۰

باتیں یہ سُن کے فوج کے دل منتشر ہوئے
سب مستعد بہ جنگ وہ بانیٔ شر ہوئے
ہر غول میں بلند جو تیغ و تبر ہوئے
سب سرکشانِ جنگ بھی زیر و زبر ہوئے

لیکن نہ تھا ہراس دل کم سپاہ میں
صورت تھی بس حسینؑ کی سب کی نگاہ میں

اک شورِ دار و گیر سما سے تھا تا سمک
شیروں کی شاہِؑ دیں کے جھپکتی نہ تھی پلک
حیرت زدہ تھے اپنی جگہ ساکنِ فلک
سُوئے حسینؑ دیکھ رہے تھے سبھی مَلک

دستِ شرف میں شیر کے دیں کا نشان تھا
بس زورِ صبر و شکر سے ہر دل جوان تھا

بعد نمازِ صبح جو طبلِ وغا بجا
ہر اہلِ ظُلم کھینچ کے تیغِ جفا بڑھا
میدانِ دار و گیر میں اک حشر تھا بپا
لشکر میں شاہِ دیں کے بھی تھا جوش و ولولہ

تلواریں بے نیام لئے گردِ شاہ تھے
تاروں کے درمیاں شہِ دیں مثلِ ماہ تھے

۵۱

نذرانہ سر کا دینے کو حاضر تھے جانثار
شاہِ زمن کے حکم کا تھا اُن کو انتظار
پاتے ہی حکم جانے لگے سب رفیق و یار
باقی تھے صرف اکبرؓ و عباسؓ نامدار

باندھے کمر کھڑے تھے وہ حضرت کے سامنے
پہرہ پہ مستعد درِ دولت کے سامنے

آخر انھیں بھی شاہؓ نے اذنِ وغا دیا
داغِ فراق قلب پر انکا بھی لے لیا
اصغرؓ بھی شہ کی گود میں جب قتل ہو گیا
دیکھا فلک کو شاہؓ نے شکرِ خدا کیا

اسپِ وفا شعار پر تیور آرہے تھے آپ
غش آرہا تھا زمیں سے گر جارہے تھے آپ

کس طرح قتل شاہِ اُمم کا بیاں کروں
صابرؔ میں کیسے جور وستم کا بیاں کروں
کس منہ سے ہوتے سر کے قلم کا بیاں کروں
کیسے فغانِ اہلِ حرم کا بیاں کروں

ہے ہے کی آرہی تھی صدا خیمہ گاہ سے
دل پھٹ رہے تھے بین سے فریاد و آہ سے

۴۸۶

(۴۳)

کربلا صاحبِ ایماں کے لئے فکرِ جمیل

کربلا صاحبِ ایماں کے لئے فکرِ جمیل
کربلا کرتی ہے افسانۂ دل کی تکمیل
کربلا ذہن کی آسودہ مزاجی کی کفیل
ہے اندھیرے کے لئے رحمتِ حق کی قندیل

اہلِ ایماں کو بصیرت کی ضیا ملتی ہے
اس چمن زار میں خوشبوئے وفا ملتی ہے

کربلا ظلم کی آواز دبا دیتی ہے
حق کی آواز یہ دنیا کو سنا دیتی ہے
سر تکبر کا جو اٹھتا ہے جھکا دیتی ہے
بھوک اور پیاس کی شدت کو بھلا دیتی ہے

دینِ اسلام کی اک دوسری معراج ہے یہ
شافعِ حشر کا بخشا ہوا اک تاج ہے یہ

۵۳

تاج اب یہ سرِ شبیرؑ پہ دیکھے دنیا
ہے یہی بولتا قرآن یہ سمجھے دنیا
اپنے سر پائے مبارک پہ جھکا دے دنیا
ہوش میں اب بھی جو آنا ہے تو آئے دنیا

دینِ اسلام کی خاطر تھے سب اقدامِ حسینؑ
کلمۂ حق نہ پڑھو بے لئے تم نامِ حسینؑ

کربلا نامِ حسینؑ ابنِ علیؑ سے منسوب
دونوں حد درجہ تھے محبوبِ خداؐ کو محبوب
تھے حسینؑ ابنِ علیؑ وارثِ صبرِ ایوبؑ
اِنکی تعظیم ہمارے لئے ہے کارِ وجوب

ہم لئے پھرتے ہیں سر ہاتھوں پہ قاتل کے لئے
خوف کی بات بھلا کیا دلِ بسمل کے لئے

ہم، کہ ہیں اہلِ ولا دردِ محبت کے امیں
غمِ شبیرؑ کو رکھتے ہیں سدا دل کے قریں
درِ شبیرؑ پہ رہتی ہے جھُکی اپنی جبیں
اُن کے قدموں سے الگ ہوں ہمیں منظور نہیں

سامنے لاکھ ہو آلام و مصیبت کی گھڑی
غمِ شبیرؑ کے منکر نہیں ہونے کے کبھی

۵۴

السلام اے شہہِ دیں، ابن رسولؐ الثقلین
السلام اے علیؑ و فاطمہؑ کے نورالعین
کعبۂ دین خدا کے تھے تمہی زیب و زین
سارے عالم میں یہ نعرہ ہے کہ آقا ہیں حسینؑ

سایۂ رحمتِ داور ہیں زمانے کے لیے
بخشش و رحم کے پیکر ہیں زمانے کے لیے

کرسی و عرشِ خدا کی انھیں زینت کہیے
دلِ محبوبِ خدا کی انھیں راحت کہیے
دینِ احمدؐ کی اِنھیں حرمت و عزت کہیے
حشر تک اِن کو فقط باعثِ رحمت کہیے

ہم ہیں مدّاح تو رتبہ ہے ہمارا عالی
رہنے دیتے نہیں یہ دل کا خزانہ خالی

نطقِ انساں سے بھلا کیا ہو ثنائے شبیرؑ
عینِ الطاف سے کرتا ہے نظر ربِّ قدیر
ان کے اوصاف کی ممکن نہیں دنیا میں نظیر
کون الفاظ میں ڈھالے جو ہے شان و توقیر

سرخرو کر گئے وہ اپنے لہو سے اسلام
کون سینچے گا بھلا خونِ گلو سے اسلام

۵۵

جادۂ صبر و رضا سہل نہیں مشکل ہے
جسکی ہر راہ ہے دشوار یہ وہ منزل ہے
جس طرف دیکھئے بس تیغ بکف قاتل ہے
آزمائش کے لئے صرفۂ خونِ دل ہے

حق کی آواز کو ایسے میں سنانے کے لئے
تھے حسینؑ ابن علیؑ راہ دکھانے کے لئے

ایک میدانِ بلا خیز میں گونج اُٹھی پکار
حق کے شیدائیو آجاؤ سرِ منزلِ دار
ساتھ شمشیر وفا، دل میں ہو عزم پیکار
کس سے ٹوٹے گی بھلا جوشِ ولا کی دیوار

زورِ باطل کا گھٹے دیکھ کے ایماں کا جلال
قہر اللہ کا ہے حاملِ قرآں کا جلال

امتحاں گاہِ محبت ہے یہ ایماں کے لئے
منزلِ سخت ہے یہ دیں کے نگہباں کے لئے
ایسی منزل تھی مگر اصغرِ ناداں کے لئے
دے دیا اپنا گلا ظلم کے پیکاں کے لئے

کربلا آئے تھے یہ حجتِ آخر بن کر
رہ گئے صفحۂ تاریخ میں فاخر بنکر

۵۶

بے زبانی سے کھلاتے رہے گفتار کے پھول
مسکرانے سے مہک جاتے تھے تلوار کے پھول
نازشِ باغِ جناں یہ شہِ ابرارؐ کے پھول
لبِ خشکیدہ پہ تھے عزم شرربار کے پھول

کمسنی کے یہ عزائم شہِ دیںؑ سے پوچھو
عزم کا ان کے اثر لشکرِ کیں سے پوچھو

ایک ہلچل سی مچی فوج کے اسواروں میں
کاٹ ایسی تو نہ تھی تیغ میں تلواروں میں
مشورے ہونے لگے سارے کمانداروں میں
گھیر لو شاہؑ کو اب تیروں کی بوچھاروں میں

ایک ہی تیر سے زخمی شہِؑ دیں ہو جائیں
شہ کی آغوش میں اصغر بھی ذرا سو جائیں

سن کی آواز ہوئی تیر کماں سے چھوٹا
باپ کی گود میں بچہ بھی تو جاں سے چھوٹا
دلِ شبیرؑ کہاں دردِ نہاں سے چھوٹا
پہلوئے شاہ نہ تکلیف گراں سے چھوٹا

جذب ہوتے رہے گر گر کے لہو دامن پر
خود کو مشکل سے سنبھالے رہے شہ توسن پر

۵۷

باندھ دئے شاہ چھدا گردن بے شیر کے ساتھ
حسرتِ اصغرؑ بے شیر گئی تیر کے ساتھ
ہاں گلہ تک نہ کیا کچھ فلک پیر کے ساتھ
قبرِ معصوم بنالی گئی شمشیر کے ساتھ

شُکر بر لب رہے ہر حکم خدا کے آگے
سرِ تسلیم تھا خم قدر و قضا کے آگے

فکر تھی شہ کو مگر ماں کو وہ کیا دیں گے جواب
جب وہ پوچھیں گی کہ بچے کو پلا لائے ہیں آب
لے کے خیمے میں چلے آئیے حضرت بہ شتاب
گود بیتاب ہے، گہوارۂ اصغر بیتاب

قلبِ شہ سوچ کے بیتاب ہوا جاتا تھا
اشکِ خوں دیدۂ پُرغم سے نکل آتا تھا

بس اسی فکر میں تیورا گئے حضرت اکبار
سامنا ایسے میں بانوؑ کا تھا امرِ دشوار
یا علیؑ کہہ کے سنبھالے رہے دل کی رفتار
لو لگائے رہے خالق سے شہہ عرش وقار

فدیۂ اصغرِ ناداں کو خدا کر کے قبول
بخش دے اُمّتِ عاصی کو بہ احسانِ رسولؐ

۵۸

آئی آواز کہ اب وعدۂ طفلی ہو ادا
قربتِ حق کا جو رستہ ہے اسی راہ پہ آ
اے حسینؑ ابنِ علیؑ بادشہِ کرب و بلا
دینِ اسلام پہ ہے آج سے احساں تیرا
کشتیٔ دینِ خدا آج جو منجدھار میں ہے
اب بقا اِسکی فقط تیرے ہی پتوار میں ہے

دیکھ لیں اہلِ جہاں صبرِ حسینِؑ مظلوم
کس بشاشت سے گوارا کیا قتلِ معصوم
کیوں نہ مچ جائے زمیں تا بہ فلک صبر کی دھوم
کس کو آقا ہے ترے صبر کی قوت معلوم
تا قیامت نہ بھولائیں گے غمِ شاہِؑ امم
بھول پائیں گے نہ شہزادہ شبیرؑ کا غم

ملتفت بندۂ عاصی پہ ہوں یا شاہِؑ ہدا
آپکی چاہ کا اُلفت کا ثمر اب ہو عطا
جو فرائض ہیں اُنھیں کر کے بہ تعجیل ادا
اب تو بس خدمتِ اقدس میں طلب ہو مولا
ساتھ صابرؔ کے جو زوجہ کو بلایا جائے
وہ بھی کچھ خدمتِ آقا کا صلہ پا جائے

(۴) ۷۸۶

رازِ توہماتِ جہاں ہم سے پوچھئے

رازِ توہماتِ جہاں ہم سے پُوچھئے
حالاتِ دردِ سوزِ نہاں ہم سے پُوچھئے
وہ داستانِ تیغ وسناں ہم سے پُوچھئے
سب ماجرائے تشنہ دہاں ہم سے پُوچھئے

ہم مبتلائے دردِ زمانہ ازل سے ہیں
دل میں بسائے تعزیہ خانہ ازل سے ہیں

ہر سمت آج تند حوادث کے سائے ہیں
بادل غلط رواج کے ہر سمت چھائے ہیں
در پردہ بجلیوں کے اشارے کنائے ہیں
مُشکل سے بچ بچا کے کنارے پہ آئے ہیں

اب وہ رہِ نجات نکالیں تو کل پڑے
اب آ کے مشکلوں کو وہ ٹالیں تو کل پڑے

۶۰

کچھ لوگ آچکے تھے جو زیرِ قیودِ زر
تھے اُن کے ارد گرد جمع صرف اہلِ شر
دل میں نہ تھا خیال کہ پہنچے گا بھی ضرر
اللہ اور نبیؐ کا نہ ہرگز تھا دل میں ڈر

سر میں غرور دل میں کدورت بھری ہوئی
سبطِ رسولِؐ حق سے عداوت بھری ہوئی

بھولے ہوئے تھے لوگ جو حکمِ الٰہ کو
پھر کیسے یاد رکھتے وہ زباں کی راہ کو
رکھا کبھی نہ ذہن میں حالِ تباہ کو
کیوں مانتے بھلا وہ کسی دیں پناہ کو

خوف و ہراس و جبر جو چھایا تھا ہر طرف
اک آہنی نظام کا سایہ تھا ہر طرف

قدموں سے شاہِؑ دیں کے جو نہی کربلا ملی
چونکے دماغ، دل کو جو آوازِ پا ملی
کانوں کو ہر کسی کے اذاں کی صدا ملی
وقتِ نمازِ صبح، نویدِ صبا ملی

جو بانیٔ دگر تھا شریعت کا آگیا
وہ راہ مستقیم کا جلوہ دکھا گیا

۶۱

گمراہیوں میں نور کا جلوہ لئے ہوئے
رحمت نواز حق کا سراپا لئے ہوئے
دستِ شرف میں مشعلِ جادہ لئے ہوئے
بخشش کا امتی کے ارادہ لئے ہوئے

احمدؐ کا سب جمال، علیؑ کا جلال بھی
ہمراہ فاطمہؑ کا تھا صبر و کمال بھی

کیا شانِ کربلا میں شہِ کربلا کی تھی
سایہ فگن دعا دلِ مشکل کشا کی تھی
طاقت عمل میں سب حسنؑ مجتبیٰ کی تھی
تاثیر، شیرِ بنتِ رسولؐ خدا کی تھی

جس سے کہ صبر و شکر کا جوہر دکھا دیا
باطل کے سر کو اپنے قدم پر جھکا دیا

کیا ضبط و صبر، قلب شہِ دیں نے پائے تھے
کاندھے پہ دینِ حق کے علَم کو اٹھائے تھے
جلتی ہوئی زمین پہ سر دینے آئے تھے
کس شان سے وہ وعدۂ طفلی نبھائے تھے

اس ضمن میں ہے کون کہ اب جس کا نام آئے
وہ بس حسینؑ تھے کہ جو اُمت کے کام آئے

۶۲

ہیں یہ حسینؑ، عرش مکین، قلب دیکھئے
سر رکھ دیا بہ روئے زمیں، قلب دیکھئے
تڑپے نہ زیرِ خنجرِ کیں، قلب دیکھئے
آپ آکے جبرئیلِ امیں، قلب دیکھئے
شاداب کشتِ دیں کو لہو سے وہ کر گئے
تاریخِ دیں کو خون سے وہ لکھ کے مر گئے

کشتئ دیں کو دیکھ کے زیر، زبر حسینؑ
پتوار تھے بنے ہوئے خود معتبر حسینؑ
اللہ کی نگاہ میں تھے مقتدر حسینؑ
رکھے رہے قریبِ خدا اپنا سر حسینؑ
مرضئ حق خرید لی کس آن بان سے
یوں جاوداں حیات کو پائی ہے شان سے

کر کے زمینِ گرم کو حضرت نے لالہ زار
اسلام کے چمن کو عطا کی نئی بہار
کیا عزم استوار تھا، کیا قلب استوار
حیران ہے ذہنِ کاتبِ تاریخِ روزگار
غرّہ نہیں کسی کو سخن پر، بیان پر
مولاؑ کا فیض عام ہے سارے جہان پر

۶۳

نامِ حسینؑ سے ہوئی یوں کربلا بلند
آوازِ حق کا ہو گیا پھر سلسلہ بلند
محشر تلک ہے یہ پرچمِ دینِ خدا بلند
ہر سمت ہے جو آج اذاں کی صدا بلند

ہے غلغلہ یہ اکبرؑ غازی کے سوز کا
یہ فیض سب ہے ایک نمازی کے سوز کا

وقتِ نمازِ صبح سے تا عصر تھی وہ جنگ
سب ساکنانِ ارض و سما ہو رہے تھے دنگ
اڑنے لگا تھا چہرہ باطل سے آب و رنگ
فوجِ عدو کی پست ہوئی جاتی تھی اُمنگ

تھا بے مثال عزم شہِؑ مشرقین میں
نعرہ علیؑ علیؑ کا تھا موجِ حسینؑ میں

ہمراہ تھا رفیق و اعزا کا قافلہ
ہر فرد کا بڑھاتے تھے عباسؑ حوصلہ
کہنی تک آستینوں کو الٹے تھے مہ لقا
شکوہ نہ تھا زبان پر بھوک اور پیاس کا

اکبرؑ کے روئے پاک پہ جاہ و جلال تھا
رُعبِ جری بھی اپنی جگہ بے مثال تھا

۶۴

آئے برائے اذنِ وغا وہ قریبِ شاہؑ
اکبرؑ میں تھی شباہتِ احمدؐ جو بے پناہ
چہرہ پہ اُس جری کے ٹھہرتی نہ تھی نگاہ
لپٹا لیا کلیجے سے شہؑ نے بہ اشک و آہ
پڑھ کر درود بیٹے کو رخصت جوں ہی کیا
شدّت سے غم کے منہ سے کلیجہ نکل پڑا

تم زینبؑ حزیں کی امانت ہو میرے لال
خیمے میں جا کے دیکھ تو لو کیا ہے اُسکا حال
اُلفت ہے اُسکو تم سے جو بے حد و بے مثال
کیا قلب کو سنبھال سکے گی وہ خوشخصال
بیٹوں کی سمت دیکھا نہیں تم کو دیکھ کر
جیتی رہی ہے خود سے قریں تمکو دیکھ کر

خیمے میں آکے دیکھا جو اکبرؑ نے حالِ زار
بس گر پڑے قدم پہ وہ زینبؑ کے ایک بار
تھی کپکپی لبوں میں تو آنکھیں تھیں اشکبار
یعنی وفورِ غم سے نہ تھا ایک دم قرار
اُٹھے نہ تھے قدم سے کہ زینبؑ نے آہ کی
حسرت سے شاہزادہ کے رُخ پر نگاہ کی

۶۵

فرمایا راس آیا نہ اٹھارواں یہ سال
لو، تھامو ہاتھ، قلب ہوا جاتا ہے نڈھال
واری، تمھارے بعد کہاں میری دیکھ بھال
اماں بھی ہیں تمھاری غمِ دل سے پائمال
خالق سے لو لگائیں گے ہم سب تمھارے بعد
ٹوٹے گا کوہِ رنج و الم اب تمھارے بعد

رخصت جونہی ملی کہ اٹھا شور الفراق
فوجِ لعیں میں ہونے لگی پھر سے طمطراق
سرنگے تھے رسولِؐ زماں آہ، بے بُراق
جیسے حرم سرا کے گرے ہوں در و رواق
ایسے میں حالِ حضرتِ شبیرؑ کیا کہوں
کیسی صدائیں دیتے تھے بے پیر کیا کہوں

مقصود ذکرِ جنگ نہیں، ذکرِ صبر ہے
مظلوم پر غریب پہ یہ کیسا قہر ہے
ہے کون تشنہ کام جو مابین دہر ہے
جس کی نظر کے سامنے دریا کی لہر ہے
یہ فخر جس کو ہے وہ شہِؑ مشرقین ہے
اُس ذی شرف کا اسم گرامی حسینؑ ہے

۶۶

اے بادشاہِ کون و مکاں رحم کیجئے
صابرؔ ہے آج گریہ کناں رحم کیجئے
بے جاں کئے رہے درد نہاں رحم کیجئے
آتی ہے لب پہ آہ و فغاں رحم کیجئے
اب ضعف ہے بدن میں طبیعت نڈھال ہے
سب جانتے ہیں آپ کہ اب کیسا حال ہے

(۵) ۴۸۶

عجزِ نیاز مند کی توقیر دیکھئے

عجزِ نیاز مند کی توقیر دیکھئے
پہنچا فلک پہ نالۂ شب گیر دیکھئے
غم میں شہِؑ زمن کے یہ تاثیر دیکھئے
دل میں بنا ہے روضۂ شبیرؑ دیکھئے

ہاتھوں میں ہوں میں جام مودّت لئے ہوئے
دل منتظر ہے دید کی حسرت لئے ہوئے

خامہ کو اذن مل گیا ذکرِ صفات کا
سب فیض ہے یہ ہم پہ شہِؑ کائنات کا
ہم تجزیہ ہزار کریں اپنی ذات کا
مطلب سمجھ میں آئے نہ اپنی حیات کا

جب اور در پہ خم جو نہ اپنی جبیں کریں
کیسے مدد بھلا شہِؑ والا نہیں کریں

اٹھی جو انقلاب کی شورش جہان میں
حق کو مٹائیں، تھی یہی کوشش جہان میں
تبرِ ستم کی ہوتی تھی بارش جہان میں
پھیلی خدا کے نور کی تابش جہان میں
ظلمت کو پا کے اپنے مقابل امامؑ نے
تبلیغِ نورِ حق کیا شاہِ انامؑ نے

کھولی زبانِ پاک و مطہّر حضور نے
سب کے کئے قلوب منوّر حضور نے
کھولے فیوضِ دیں کے جو دفتر حضور نے
اعدائے دیں کو کر دیا ششدر حضور نے
دریا بہا کلامِ خدائے قدیر کا
منظر نظر میں آ گیا یومِ غدیر کا

برپا نہ انقلاب ہو فوجِ یزید میں
جس کی نہ ہو مثال قریب و بعید میں
منظر کچھ اس طرح کبھی آئے نہ دید میں
ایسا ہی کچھ اثر تھا کلامِ مجید میں
تاریخِ کربلا کے عجب واقعات ہیں
اس سانحے میں کتنے رموزِ حیات ہیں

۶۹

بولے یہ حُر کہ حق پہ شہِ دیں پناہ ہیں
ہم میں جو ہیں وہ مرتکبِ صد گناہ ہیں
ہم دور رس نہیں ہیں بڑے کم نگاہ ہیں
ہم مبتلائے درد بہ اندوہ و آہ ہیں
بھائی، پسر، غلام سبھی مضطرب سے ہیں
بے کھائے بے پئے ہوئے ہم لوگ شب سے ہیں

کیا حالِ دل بتائیں تجھے سعدؔ کے پسر
شرمندہ ہیں کہ گھیر کے لائے تھے کیوں اِدھر
مطلق یقیں نہ تھا کہ پھر آئیں گے سب نظر
یہ رہنمائے دینِ خدا، تم حریصِ زر
کیا ہے مجال اِن سے کوئی جدو کد کرے
بخشش اسی کی ہوگی جو ان کی مدد کرے

شاہوں سے سربلند شہِ دیں پناہ ہیں
گُم کردہ راہِ حق کے لئے خضرِ راہ ہیں
اِنکے بغیر سارے وسائل تباہ ہیں
نرغے میں فوجِ شر کے یہ رشکِ ماہ ہیں
آنکھوں کو کھول صاحبِ ایماں کو دیکھ لے
وہ سامنے ہیں صاحبِ قرآں کو دیکھ لے

۷۰

تو سر بہ سجدہ رہ شہہ ذیشانؑ کے سامنے
معافی تو مانگ حاملِ قرآں کے سامنے
ظلمت کو چھوڑ نورِ درخشاں کے سامنے
کیا تیرا فخر صاحبِ ایماں کے سامنے

مہمان سے سلوکِ نوازش کو بھول کے
پابند تو رہا نہ شرع کے اصول کے

نانا رسولِ حق تو اسی ذی شرف کا ہے
بیٹا علیؑ ولی سے یہ شاہِ نجف کا ہے
ذی مرتبت صفات میں اپنے سلف کا ہے
موتی جو تاجِ دیں میں ہے انکے صدف کا ہے

ماں فاطمہؑ ہیں قبضہ میں جنکے خدائی ہے
جو زہر سے شہید ہوا اس کا بھائی ہے

قتلِ شہِ زماں کی نہ تدبیر چاہیئے
بس التفاتِ کاتبِ تقدیر چاہیئے
کام آئے آخرت میں وہ تحریر چاہیئے
ظلمت میں زندگی ہے تو تنویر چاہیئے

دنیائے بے ثبات میں کب تک قیام ہے
وقتِ سحر سے دور نہیں وقتِ شام ہے

۷۱

یہ کہہ کے حُر رواں سوئے شاہِؑ زماں ہوا
چہرہ پہ ان کے نُور کا پرتو عیاں ہوا
دل میں تمام زورِ عقیدت جواں ہوا
نزدیکِ شاہؑ آ کے یوں رطب اللساں ہوا
گردن جُھکائے آیا ہوں بارِ گناہ سے
بخشش کا ملتجی ہوں شہِؑ دیں پناہ سے

کُھلتے نہیں ہیں لب یہ خجالت کے بار سے
ہلتی نہیں زبان ندامت کے بار سے
گردن جُھکی ہے طوقِ حقارت کے بار سے
بیتاب دل ہے جذبۂ الفت کے بار سے
محتاجِ خطِ عفو ہیں دفتر گناہ کے
ٹل جائیں سر سے ابرِ سیہ اشتباہ کے

کیجئے نگاہِ لُطف اِدھر اے شہِؑ اُمم
فرقت میں ہوں حضور کے میں مبتلائے غم
روتی رہی ہے فرطِ ندامت سے چشمِ نم
قطرہ عطا ہو رحم کا اے قلزمِ کرم
معافی کے بعد اذنِ وغا آپ دیجئے
مرنے کے بعد خلد میں جا آپ دیجئے

۷۲

رو رو کے التجا جو یوں حُرِ جری نے کی
چھاتی سے اپنے شہ نے لگا کر دعا یہ دی
میں نے کیا معاف تجھے اے مرے اخی
جنّت میں میہمان تو ہوئے گا اے جری
خوش ہو گیا خدا بھی خدا کا رسولؐ بھی
کرتی ہے اب دعا مری مادر بتولؑ بھی

یہ سُن کے شاد کام جو قلبِ جری ہوا
توسن پہ چڑھ کے جوش میں بہرِ وغا چلا
فوجِ لعیں میں پہلے سے تھا اس کا دبدبا
شمرِ لعیں بھی خوف سے پچھلے قدم ہٹا
چمکی جری کی تیغ تو تھرا گئے لعیں
چہرے کا رعب دیکھ کے گھبرا گئے لعیں

کیا دھار، کیسی کاٹ لئے تیغِ تیز تھی
دورانِ جنگ شور تھا ہنگامہ خیز تھی
بے خوف، بے ہراس وہ گرمِ ستیز تھی
ممکن کسی لعیں کو نہ جائے گریز تھی
پیتی رہی لہو جو ہر اک بدصفات کا
رقصاں تھا سب کے سامنے چہرہ ممات کا

۷۳

زخموں سے چور چور جو اُس کا بدن ہوا
آواز شہ کو دے کے وہ یوں نعرہ زن ہوا
دَم بھر میں اب فراق درِ جان وتن ہوا
غم رہ گیا کہ شہؑ سے نہ میں ہم سخن ہوا
کیسے کہوں کہ لاش پہ تشریف لائیے
آقا مجھے نجات کا رستہ دکھائیے

فریاد سن کے ہو گئے بیتاب شاہؑ دیں
عباسؑ نامدار سے بولے کہ مہ جبیں
اس دوست کا فراق گوارا مجھے نہیں
خلقِ رسولِؐ حق کا میں وارث ہوں بالیقیں
وقتِ اخیر روح کہ راحت نصیب ہو
حُر کو رسولِؐ حق کی شفاعت نصیب ہو

صابر دعا یہ مانگ شہہؑ دیں پناہ سے
مولاؑ بچائے رکھئے گا حال تباہ سے
اب عفو چاہتا ہوں میں اپنے گناہ سے
ہٹنے نہ پائے پاؤں یہ ایماں کی راہ سے
بیٹی جو ہے علیل شفا اُس کو دیجئے
اپنی عقیدتوں کا صِلہ اُس کو دیجئے

۷۸۶

(۶)

فکر و نظر کے پھول کھِلے جب دماغ میں

فکر و نظر کے پھول کھِلے جب دماغ میں
خوشبو سی آ کے بس گئی ایماں کے باغ میں
حُبِّ علیؑ کی مئے تھی وِلا کے ایاغ میں
پھر کیوں نہ روشنی رہے اس دل کے داغ میں
سب کچھ یہ بس عنایتِ ربِ عُلا سے ہے
حاصل یہ سب شرف درِ مُشکل کشا سے ہے

اِک بندۂ حقیر ہوں آقا کے سامنے
محتاج ہوں کرم کا میں مولا کے سامنے
قطرہ ہوں، فیض و لُطف کے دریا کے سامنے
سجدہ کناں ہوں دین کے کعبہ کے سامنے
کشکول لے کے آیا ہوں مولا خلوص سے
حاجت طلب تجھی سے ہوں آقا خلوص سے

۷۵

اے مالکِ زمین و زماں رحم چاہئے
ہوں مبتلائے دردِ نہاں رحم چاہئے
مشکل میں گھر گئی ہے یہ جاں رحم چاہئے
فریاد کر رہی ہے زباں رحم چاہئے

دامانِ رحم سایہ کناں ہو حقیر پر
آقا نگاہِ لطف و کرم ہو فقیر پر

دامن مرا بھرا رہے فیضِ علوم سے
گلشن سدا بچا رہے بادِ سموم سے
بچ جائے بخت گردشِ ماہ و نجوم سے
عقلِ سلیم بہکے نہ منفی رسوم سے

ہمراہ استقامتِ قلب و نظر رہے
گمراہیوں سے پاک مری رہگذر رہے

میں بندۂ حقیر درِ پنجتن کا ہوں
ادنیٰ سا اک غلام شہِؑ صف شکن کا ہوں
یعنی کہ نام لیوا شہِؑ ذوالمنن کا ہوں
کچھ غم نہیں اسیر جو دامِ محن کا ہوں

آگاہ حالِ دل سے شہِؑ مشرقین ہیں
واقف مزاجِ قلب سے آقا حسینؑ ہیں

۷۶

ہاں وہ حسینؓ دین ہوا جس سے معتبر
جس کی ابد تلک کے مراحل پہ تھی نظر
آنے دیا نہ آنچ محمدؐ کے نام پر
مشکل پڑی تو بن گیا اسلام کی سپر

دینِ خدا ہے پھر تری محتاج اے حسینؓ
سعیٔ رسولِؐ حق نہ ہو تاراج اے حسینؓ

گردش میں بختِ اہلِ زمانہ ہے اے حسینؓ
ایماں کا لُٹنے والا خزانہ ہے اے حسینؓ
درپیش ہر طرح کا بہانہ ہے اے حسینؓ
دامن میں صرف تیرے ٹھکانہ ہے اے حسینؓ

ایسے میں آسرا ہے ترے فیض عام کا
سب وِرد کر رہے ہیں فقط تیرے نام کا

قربانیوں سے تیری ہے نامِ خدا بلند
راہِ خدا میں دے دیا فرزند ارجمند
قربانیوں کو تیری، خدا نے کیا پسند
ہیں تا ابد یہ اہلِ جہاں تیرے بہرہ مند

روشن رہیں یہ دل ترے نورِ جمال سے
دل کو سکوں ملے ترے در پر سوال سے

۲۲

قربانیوں نے دین کا محکم ستوں کیا
قربانیوں نے جذبۂ دل کو فزوں کیا
قربانیوں نے تابشِ قلبِ دروں کیا
باطل کو پیشِ دینِ خدا سرنگوں کیا

اسلام بہرہ مند ہے کارِ حسینؑ سے
خورسند ہیں رسولؐ شہِ مشرقین سے

کشتیٔ دینِ حق کے وہ لنگر بنے رہے
مرضیٔ حق خرید کے داور بنے رہے
جانِ رسولؐ، شافعِ محشر بنے رہے
ہر امتحاں میں صبر کے پیکر بنے رہے

ذہنوں کو غور و فکر و نظر دے گئے حسینؑ
ہم سب کو عزمِ قلب و جگر دے گئے حسینؑ

بتلا دیا حسینؑ نے مقصد حیات کا
مطلب سمجھ میں آگیا پائے ثبات کا
جلوہ دکھایا شہؑ نے رخِ کائنات کا
دھڑکا رہا نہ اہلِ ولا کو ممات کا

کوثر کے جام سامنے لہراتے دیکھ کر
سب کی لگی تھی گلشنِ فردوس پر نظر

۷۸

مطلق اثر ہوا نہیں جب فوجِ شام پر
پھر سے کیا سبھوں کو مخاطب کلام پر
حجت تمام کرنی تھی لازم امامؑ پر
آیا جواب تیرِ ستم تشنہ کام پر
سب جاں نثارِ شاہِ زمن نزدِ شاہ تھے
حلقہ بنائے سب رفقا گردِ شاہ تھے

جب کچھ شہید ہو گئے انصار و اقربا
حضرت کے منہ کو دیکھ کے عباسؑ نے کہا
آقا نہ امتحان لیں اب تابِ ضبط کا
حضرت سے پہلے سر کو کٹا دیں گے باوفا
قدموں پہ سب حضور کے جاں دینے آئے ہیں
خوشنودیٔ خدا کا صلہ لینے آئے ہیں

مجبور ہو کے شہؑ نے بھی اذنِ وغا دیا
تا ظہر سب شہید ہوئے خویش و اقربا
پھر بھی لبِ حسینؑ پہ آیا نہ کچھ گلہ
صبر و رضا کے واسطے دستِ دُعا اٹھا
تا وقتِ عصر خاتمۂ جنگ شاہ تھا
گردن جھکائے سجدہ پیشِ اِلٰہ تھا

۷۹

خنجر پھرایا شمرِ لعیں نے حلقومِ شاہؑ پر
مطلق کیا نہ رحم شہِؑ دیں پناہ پر
خوش ہو رہا تھا بیبیوں کی وہ کراہ پر
پھر اژدھامِ فوج بڑھا خیمہ گاہ پر

ہر سمت چھا رہا تھا اندھیرا جہان میں
وہ سب ہوا جو آ نہیں سکتا گمان میں

بس دیکھتے ہی دیکھتے کیا کچھ نہ ہو گیا
گھوڑوں سے لاشِ شاہؑ کو پامال کر دیا
کیا ظلم ہے کہ خیمۂ اقدس تلک جلا
اہلِ حرم کو فوج نے قیدی بنا لیا

دنیا میں پھر سے شامِ غریباں نہیں ہوئی
ایسی تو شام پھر نہ جہاں میں کہیں ہوئی

کنبہ رسولؐ کا سرِ بازارِ عام ہے
اِن سب کی اب طلب سوئے دربارِ شام ہے
جبریلؑ کی ندا کہ ادب کا مقام ہے
قیدی جو ہے وہ دینِ خدا کا امامؑ ہے

دربارِ ایزدی میں شرف جس ولیؑ کا ہے
بیٹا ہے یہ حسینؑ کا پوتا علیؑ کا ہے

۸۰

نیزہ پہ ہے بلند سرِ اقدس حسینؑ
سمجھا ہے کس نے مرتبۂ شاہِ مشرقین
بابا نے اس کے فتح کیا غزوۂ حنین
قلبِ نبیؐ و فاطمہؑ زہرا کے دل کا چین

سر پر شفیعِ حشر کا یہ تاج پا گیا
احمدؐ کے بعد یہ بھی تو معراج پا گیا

بیٹی علیؑ کی قیدِ ستم میں اسیر ہے
مسند نشینِ تخت یزیدِؑ شریر ہے
ہر سمت اجتماع صغیر و کبیر ہے
تاریخ میں نہ دوسری ایسی نظیر ہے

تہذیب شرمسار ہے اِن واقعات سے
اسلام سرنگوں ہے انھیں حادثات سے

اے کربلا کے بیکس و ناچار السلام
اے ورثہ دار احمدؐ مختار السلام
اے اُمتِ رسولؐ کے غمخوار السلام
قیدِ ستم کے عابدِؑ بیمار السلام

دستِ ادب کو جوڑ کے صابرؔ دعا کرو
مولا معاف میرے گناہ و خطا کرو

۷۸۶

رباعیات وقطعات

بہ سلسلۂ "عرفان الٰہی"

○

انساں کے دلوں سے خود نمائی نہ گئی
تصویرِ خیالی بھی بنائی نہ گئی
ایماں سے جو دور رہے اُن کے یہاں
تنویرِ تجلیات پائی نہ گئی

○

آساں نہیں سن سکو گے حق کی آواز
رستہ میں ملیں گے یاں نشیب اور فراز
پہلے تو دل و نظر منور ہو جائیں
پھر قلب پہ کھل جائیں گے عرفان کے راز

○

ہو جائے گا جس قلب کو حاصل عرفان
ہوتی ہی رہے گی اس کی مشکل آسان
پہلے تو وہ پہچان لے عرفاں کیا ہے
عرفاں سے تب کرا سکے گا اپنی پہچان

○

عرفانِ خدا جب تمھیں حاصل ہوگا
احساسِ لطیفِ قُربِ منزل ہوگا
طوفانِ بلا آتے رہیں گے لیکن
پابندِ عقیدہ کا سفینہ لبِ ساحل ہوگا

○

انوارِ ضیائے مہرِ تاباں دیکھو
خوشبوئے مشامِ جانِ عرفاں دیکھو
بخشی ہیں تمھیں دل کی جو آنکھیں اِن سے
تابندہ ہے کتنی شمعِ ایماں دیکھو

۸۶

قطعات ورباعیات

بہ سلسلۂ "رسولِ اکرمؐ"

○

اسلام کا پیغام لے آئے رسولؐ
دنیا کے لئے امن و اماں لائے رسولؐ
تا حشر جو قائم ہے وہ ہے دینِ مُبیں
چھوٹے نہیں اُمت سے کبھی پائے رسولؐ

○

احمدؐ کو نہ کیوں مظہرِ اللہ کہیں
حق یہ ہے کہ ہم اُس کو حق آگاہ کہیں
بانی ہے وہی مملکتِ دینِ خدا کا
کونین کا ہم اس کو شہنشاہ کہیں

۸۴

○

پھیلی ہے جہاں میں نورِ احمدؐ کی ضیا
ہوتی ہے اُسی سے ہم پہ یہ فضلِ خدا
صدقہ ہے اُسی کا یہ اپنی حیات
مِلتا ہے اُسی کے در سے جنّت کا پتہ

○

سینہ کی صفا کہ چشم بینا کی ضیا
پتوار ہو بازو، کبھی بن جائے عصا
انساں کو ثباتِ عزم دیتے ہیں رسول
لازم ہے کہ انساں بھی رہے ان کا گدا

○

پہنے ہوئے آیا جو نبوّت کا یہ تاج
قدرت نے عطا کیا اک خاص مزاج
چھپنے کا نہیں عزّ و شرف احمدؐ کا
بس اِس کو مِلی عرش خدا پر معراج

قطعات و رباعیات

بہ سلسلۂ "عرفان ائمہ طاہرینؑ"

مولائے کائنات حضرت علیؑ

○

کعبہ سے علیؑ اور علیؑ سے کعبہ
عالم میں شرف کس کا ہے حیدرؑ کے سوا
بندہ تو ہے لاریب خدا کا لیکن
کہتے ہیں نصیری اِسی بندے کو خدا

○

ہجرت کی تھی شب، نبیؐ کا بستر پایا
شمشیرِ خدا، تحفۂ داور پایا
خود بھی امامؑ، دونوں بیٹے بھی امامؑ
کس نے یہ شرف سوائے حیدرؑ پایا

○

جس نے بھی عقیدتوں سے کچھ کام لیا
تسکین ہوئی دل نے جو کبھی نام لیا
گرتے گرتے سنبھل گئے ہیں ہم لوگ
دامانِ علی بڑھ کے اگر تھام لیا

○

ہونٹوں پہ گُلِ مدحتِ حیدرؑ جو کھلا
اس دل کو ملی روشنیٔ حُبِ ولا
چُوما ہے تصوّر میں درِ بابِ علوم
بخشی ہے مرے ذہن کو مولا نے جلا

○

اونچا جو علیؑ سے سرِ اسلام ہوا
ہر کارِ خدا اِن سے سرانجام ہوا
پہلے تو کیا تیغِ علیؑ نے کچھ کام
پھر نُطق وقلم سے سب کام ہوا

۸۷

○

اوصافِ علیؑ کو تم خدا سے پوچھو
اللہ کے بعد مصطفےٰؐ سے پوچھو
کرتی ہے ثنا کس کی لسانِ قدرت
تم شانِ نزولِ ہل اتیٰ سے پوچھو

○

میدانِ جہاد ہو، کہ ہو بزمِ رسولؐ
سکھلائے علیؑ نے کلمۂ حق کے اصول
اللہ نے بھیجا تو نبیؐ پر لیکن
توصیفِ علیؑ میں ہوا قرآں کا نزول

○

کعبہ کو شرف آمدِ مولاؑ سے ملا
بازوئے نبیؐ کو حق نے مضبوط کیا
اب لاکھ بہائے شہرِ کوفہ آنسو
مسجد میں شہید ہوگئے جب شیرِ خداؑ

○

بیتاب تھا دل علیؑ کی آمد کے لئے
اللہ نے بھیجا انھیں احمدؐ کے لئے
آنے نہ دیا حرف نبیؐ پر کوئی
جیتے رہے علیؑ محمدؐ کے لئے

○

اللہ کے بعد مصطفٰیؐ کا درجہ
بعد اُن کے علی مرتضٰیؑ کا درجہ
لازم ہوئی پھر تو فاطمہؑ کی تعظیم
بعد اُن کے ہے حسینؑ کا اونچا درجہ

حضرت امام حسنؑ

○

عالم کے لئے دامنِ اسلام دیا
احمدؐ نے سدا صُلح کا پیغام دیا
وہ صُلحِ حُدیبیہ ہو کہ صلحِ حسنؑ
دونوں ہی نے بس خلق کا احکام دیا

○

اللہ جو دیتا ہے ولی لیتے ہیں
جب زہر بھی ملتا ہے تو پی لیتے ہیں
کرتے نہیں شکوہ وہ زباں سے کوئی
چپکے سے جگر کا چاک سی لیتے ہیں

○

دنیا سے کہو شانِ حسنؑ کو دیکھے
انکو دیکھے رسولِ ذوالمنن کو دیکھے
اوصاف میں سب ایک ہیں پاک و معصوم
بس چشمِ بصیرت سے پنجتن کو دیکھے

○

دنیا پہلے پڑھ تو لے شرحِ حیاتِ شبّرؑ
نانا ہیں رسولؐ ، ماں فاطمہؑ بابا حیدرؑ
روشن گر اسلام ہیں یہ بھی واللہ
تاجِ سرِ اسلام کے تابندہ گہر

○

معلوم تھا انجام مرا کیا ہوئے گا
جو ہوئے گا منظورِ خدا ہوئے گا
کس صبر سے آپ نے زہر بھرا جام لیا
یوں دین پہ کب کوئی فدا ہوئے گا

حضرت امام حسینؑ

○

ظاہر ہے سب پہ مرتبۂ شاہِ مشرقین
یعنی جنابِ فاطمہؑ زہرا کے دل کے چین
اسلام کو نصیب نہ ہوتی کبھی بقا
ہوتے اگر نہ فدیۂ راہِ خدا حسینؑ

○

حق کے لئے کٹا دیا شبیرؑ نے گلا
راہِ خدا میں دے دیا کنبہ ہرا بھرا
تا حشر سرخ روئیِ اسلام کے لئے
خونِ حسینؑ غازۂ اسلام بن گیا

○

احمدؐ کی جان، فاطمہؑ زہرا کا نورِ عین
جسکا لقب جہان میں ہے شاہِ مشرقین
صبر و رضائے حق کے لئے کربلا بنی
دنیا بھلا سکے گی نہ قربانیٔ حسینؑ

○

صبر و رضا سے ظلم کی زنجیر توڑ کر
دیوِ ستم کی رکھ دی کلائی مروڑ کر
خوابیدہ تھی جو ملتِ اسلامیہ اسے
بیدار کر دیا شہِ دیں نے جھنجھوڑ کر

○

کشتیٔ دینِ حق کا نگہباں حسینؑ ہے
ہم بیکسوں کے درد کا درماں حسینؑ ہے
صدمات و حادثاتِ زمانہ کا غم نہیں
جب آسرائے قلبِ غریباں حسینؑ ہے

"سفینۂ عرفاں" پر قارئینِ کرام کے گراں قدر تاثرات کے اقتباسات

جناب علی جوّاد زیدی (پدم شری)

3/189 Vishwas Road
Gomtingar
Lucknow

مکرمی و محبی تسلیمات

"سفینۂ عرفاں" مل گیا۔ کلام کی پختگی اور عقیدے کی شگفتگی سے بہرہ مند ہوا۔

جناب شمس الرحمٰن فاروقی

296, Hasting Road
Allahabad

برادرم صابر آروی سلام علیکم

آپ کی ارسال کردہ دونوں کتابیں مل گئیں۔ اس محبت کے لئے شکر گذار ہوں۔

عدیم الفرصتی اور صحت کی خرابی کے باوجود میں نے جگہ جگہ سے دیکھا اور مطبوعہ طبع پایا۔

جناب ایس۔ ایچ۔ ایم رضوی

ریٹائرڈ انجینئر۔ ان چیف
بی۔ ڈبلو۔ ڈی۔ بہار سرکار
"جون ولا" مہدی چوک، برہم پورہ، مظفر پور

برادرم جناب صابر صاحب سلامٌ علیکم

آپ کی تخلیق "سفینۂ عرفاں" میرے برادرِ خورد ذکی حسن جعفری سلمہٗ نے لاکر مجھے دی تھی جسے آپ نے مجھے خلوص و محبت کے تحت تحفتہً ارسال کیا تھا جس کا شکریہ ادا کرتا ہوں۔ آپ کی اس نئی تخلیق "سفینۂ عرفاں" میں چونکہ صرف حمدِ باری تعالیٰ، منقبتِ رسولؐ و آلِ رسولؐ سے متعلق اشعار ہیں۔ یا پھر مرثیے یعنی کربلا میں واقع حق و باطل کی جنگ کی رُوداد جو سب حقیقت ہی حقیقت ہے اور مجاز کا شائبہ تک نہیں ہے اس لئے آپ کے تمام اشعار ماشاءاللہ قابلِ تحسین ہیں کس کو اچھا کہوں اور کس کو نہیں۔ میرے خیال میں آپ فنِ شاعری کے ایسے مقام پر آپہنچے ہیں جو خدا اور رسول کا پسندیدہ مقام ہے

جناب سید وقار حلم سید نگلوی

رامپور

برادرِ ایمانی جناب صابر آروی صاحب سلامٌ علیکم

آپ کا ارسال کردہ تحفۂ ادبی "سفینۂ عرفاں" ایامِ عزا میں ملا۔ مطالعہ کیا۔ بخدا "سفینۂ عرفاں" مختصر ہوتے ہوئے بھی پنجتن پاک کے فضائل و مصائب کا ایک مکمل شاعرانہ صحیفہ ہے۔ مومنین کے لئے وظیفہ ہے۔ اس کے ایک ایک لفظ میں روحانی کیف و سرور نہاں ہے۔ ہر اہلِ دل و اہلِ نظر مدح خواں

ہے۔ حمد ہو یا نعتِ رسولؐ الثقلین، مناقب ہوں یا مراثیٔ شاہ مشرقینؑ۔ ہر مسدس میں زبان و بیان کی لطافت بھی ہے محاسن کا محاصرہ، فکر کی پرواز بھی ہے اور فن کا مظاہرہ بھی۔

جناب پروفیسر جگن ناتھ آزاد

گاندھی نگر۔ جموں (جے کے) محبی صابرؔ آروی صاحب آداب

آپ کا مجموعۂ کلام "سفینۂ عرفاں" موصول ہوا۔ تہہِ دل سے شکر گذار ہوں۔ میں آپ کے کلام بلکہ محاسنِ کلام کا ایک مدت سے معترف ہوں۔ صالح جذبات، پاکیزہ خیالات خالص شاعری میں ڈوبے ہوئے۔ کن لفظوں میں تعریف کی جائے۔ آپ کو قسامِ ازل کی طرف سے ایک درد سے لبریز دل اور دلکشی سے لبریز پیرایۂ اظہار ملا ہے۔

جناب باقر مہدی

بمبئی محترمی صابر صاحب قبلہ۔ تسلیم و نیاز

میں شدید بیمار تھا Kidney Trouble کا شکار تھا۔ اب صحت غنیمت ہے۔ مگر نیم جاں ہوں۔ آپ کی کتاب میرے لئے ابرِ رحمت کا درجہ رکھتی ہے۔ میں بے حد ممنون ہوں کہ آپ مجھے یاد رکھتے ہیں۔ امید ہے کہ آپ مع الخیر ہوں گے۔

جناب نقی احمد ارشاد

کنکڑ باغ۔ پٹنہ

جناب صابر آروی صاحب سلام و نیاز

آپ کا تحفہ "سفینۂ عرفاں" ملا۔ آپ پشت در پشت مداحِ رسولؐ و آلِ رسولؐ ہیں۔ اس لئے عقیدت کے پھول چڑھانے میں آپ نے یقیناً صحیح جذبات سے کام لیا ہوگا۔ اطمینان سے پڑھوں گا۔ ؎ آساں نہیں ہے مرثیہ گوئی ہے جس کا نام۔

جناب کالی داس گپتا رضا

جل درشن۔ بمبئی

محب مکرم تسلیم

"سفینۂ عرفاں" آپ کا شعری مجموعہ ملا۔ کوشش کر کے محدب شیشے کی مدد سے کہیں کہیں سے پڑھی ہے۔ مجھے محسوس ہوا کہ یہ "سفینہ" آپ کو یقیناً ہر ارضی و سماوی بحرِ ناپید و کنار سے پار لے جائے گا۔ آمین۔

اس عقیدت مندانہ کلام پر آپ کو بہت سی مبارکباد۔

جناب پروفیسر ڈاکٹر شکیل الرحمٰن

۲۶۷۔ اے۔ ساؤتھ سیٹی۔ گرگاؤں۔ ہریانہ

پیارے صابر سلامت رہے

"سفینۂ عرفاں" کا ایک نسخہ موصول ہوا۔ بہت بہت شکریہ۔

آپ اپنی ہر تصنیف جس محبت سے عنایت کرتے ہیں اس سے اندازہ ہوتا ہے

کہ آپ مجھ سے کتنی محبت کرتے ہیں۔ ایک بار پھر شکریہ ادا کرتا ہوں۔ کتاب اچھی چھپی ہے، صاف ستھری۔ جن حضرات نے تجزیاتی مطالعے پیش کئے ہیں خوب ہیں۔ ان سے اچھے مضامین اور کیا لکھے جاسکتے ہیں۔ پھر آپ کے کلام کا کیا کہنا۔ اُمید کہ آپ سب اچھے اور خوش ہوں گے۔ اس کتاب کی حفاظت کروں گا۔

جناب عطاء اللہ پالوی

علی نگر پالی۔ جہان آباد مخلصی سلام و نیاز

سنیچر کی شام کو کتاب موصول ہوئی۔ اتوار کو دوپہر میں پڑھی اور سوموار کی صبح کو یہ دعا کر رہا ہوں۔

صابر ہوں یا کہ ہوں اُن کے متعلقین
شام و سحر خلوص سے یادِ خدا کریں

جناب عبدالقوی دسنوی

بھوپال محبِ عزیز صابر آروی صاحب

السلامُ علیکم

آپ کی بھیجی ہوئی کتاب "سفینۂ عرفاں" ملی اور مسرتوں کی دولت سے مالامال کر گئی۔ خوشی اس لئے زیادہ ہوئی کہ آپ دنیائے علم و ادب میں کچھ نہ کچھ

اضافہ کرتے رہتے ہیں - یہ کام نہایت مفید ہے - ادب کے لئے بھی اور ادب پیدا کرنے والے کے لئے بھی - اس نیک کام سے آپ کو جو ذہنی لذت اور قلبی سکون حاصل ہوگا - اس کا اندازہ آپ ہی کو ہوگا یا مجھے ہے -

جناب علقمہ شبلی

89/5 Ripon Street
Calcutta

برادر مکرم - صابر آروی صاحب سلام و نیاز

"سفینۂ عرفاں" ملا - اس عنایت کے لئے سراپا سپاس ہوں -

"سفینۂ عرفاں" آپ کے جذبات خلوص و عقیدت کا مظہر ہے - شاعرانہ التزامات اور فنی چابکدستی کے ساتھ آپ نے حمد - نعت اور منقبت کے مراحل کو طے کیا ہے - مرثیوں میں آپ نے روایت کی پاسداری کے باوجود اپنی الگ راہ نکالی ہے - عہد حاضر کے مسائل و مصائب بھی آپ کی نگاہوں سے اوجھل نہیں رہے ہیں - یہ آپ کی دیدہ وری اور قدرت کلام کا ثبوت ہے - اس تخلیق کے لئے دلی ہدیۂ تبریک قبول کیجئے -

جناب والی آسی

لکھنؤ

برادر گرامی قدر　سلام مسنون

"گنجینۂ عرفاں" اور "سفینۂ عرفاں" دونوں کل رات ہی پڑھ کر رکھی ہیں - اللہ تعالیٰ نے آپ کو خدا اور رسولؐ کے ساتھ محبت اہلبیت کے

پاکیزہ جذبوں سے سرشار کیا ہے۔ وہی عقیدت وارادت آپ کے کلام میں بجا طور پر نظر آتی ہے۔ جہاں تک شاعرانہ کمال کی بات ہے اس لئے عرض ہے کہ آپ کے یہاں جو برجستگی اور والہانہ پن ہے وہ غالباً آپ کے موضوع کے ساتھ وابستگی نے عطا کیا ہے۔

جناب رضا مہدی
مظفر پور

مہدی بھائی کے توسط سے "سفینۂ عرفاں" کی ایک جلد موصول ہوئی۔ حمد، نعت و منقبت کا یہ مقدس مجموعہ خدا کرے دین و دنیا کی بہتری کا سبب قرار پائے۔ اسے بہ یک وقت مذہبی اور ادبی خدمت سے تعبیر کیا جا سکتا ہے۔ سرکاری ملازمت کے باوجود آپ نے مختلف اصنافِ سخن میں طبع آزمائی کر کے فنّی تقاضوں کو پورا کیا ہے۔ یہ یقیناً ادب سے آپ کی گہری وابستگی کا ثبوت ہے۔ مقدمات میں پروفیسر موسیٰ رضا صاحب، جناب طلحہ رضوی برقؔ اور جناب حسن عباس صاحبان کے مقالات آپ کی فنّی جہت اور تخلیقی بصیرت کی تفہیم کے لئے نہایت ہی مناسب ہیں۔ یہ وہ مضامین یا تبصرے نہیں ہیں جن کی وساطت سے فنکار اپنے قدو قامت بلند کرتا ہے بلکہ ان کی نوعیت غیر جانبدارانہ خیال کے علاوہ کچھ بھی نہیں بلکہ یہ کہا جائے کہ ان کے حوالے سے فن شناسی کی راہ ہموار ہوتی

ہے تو غلط نہ ہوگا منقبتی شاعری و رسائی ادب میں غیر رسائی تخلیقیت [illegible] ہی کی طرح آپ کی تخلیقی توانائی کا احساس ہوتا ہے۔

جناب پروفیسر ڈاکٹر سعید عارفی

عید گاہ روڈ 11 ۔ سالار گنج، بہرائچ

بزرگِ محترم ہدیۂ عقیدت

عنایت نامہ ملا۔ ساتھ ہی آپ کی کتابیں بھی ملیں۔ میرے خیال سے آپ کی شاعری اس مقام پہ ہے جہاں آپ کو کسی ناقد کے سہارے کی ضرورت نہیں ہے۔ آپ کا فن اس بلندی پہ پہنچ گیا ہے جس کی ہر فنکار کو آرزو رہتی ہے اور یہ بات کم شاعروں کو نصیب ہوتی ہے۔

جناب سید رہبر حسین

اے سی ۔ بی ۔ ایم ۔ چترا

محترم صابر بھائی سلامُ علیک

ہم لوگ بہ فضلِ خدا بہ خیریت رہتے ہوئے آپ لوگوں کی خیریت کے خواہاں ہیں۔ آپ کا روانہ کردہ تحفہ "سفینۂ عرفاں" دستیاب ہوا پڑھ کر بے انتہا خوشی ہوئی۔ اس مجموعۂ کلام کی جتنی بھی تعریف کی جائے کم ہے۔ میری طرف سے اور اہلیہ کی طرف سے مبارکباد قبول کیجئے۔ آپ کے خلوص و محبت کے ساتھ بھیجے گئے اس تحفہ کا بے حد شکر گذار ہوں۔

کرار رضوی

دارالسلام، برہمپورہ، مظفرپور

بھائی صابر صاحب۔ سلام خلوص

"سفینۂ عرفاں" کا قیمتی اور گراں قدر تحفہ برادرم سائمن صاحب کی معرفت موصول ہوا۔ یادآوری اور ذرّہ نوازی کا شکریہ۔ دنیائے شاعری میں تو آپ نے اپنا مقام بنالیا تھا۔ یہ عاقبت کا ذخیرہ بھی فراہم ہوگیا۔ شاعری کی داد کے ساتھ ساتھ یہ عاقبت اندیشی بھی قابلِ داد ہے۔

جناب گوہر شیخپوروی

بنارس

قبلہ۔ تسلیمات و قدم بوسی

خدا کرے آپ مع متعلقین بہ عافیت ہوں "سفینۂ عرفاں" آپ کا شعری مجموعہ کل ڈاک سے ملا۔ اس بے پناہ محبت اور دعاؤں کے لئے بصمیم قلب متشکر ہوں۔ کتاب بے حد پسند آئی۔ اس کی اشاعت پر مبارکباد قبول فرمائیے۔ انتساب کا رُخ بھی پسند آیا۔

جناب ش م۔ عارف ماہر آروی

برہ بترہ۔ آرہ

برادر محترم تسلیم

آپ کا گراں قدر تحفہ بہ دست ہے، شکریہ

از اوّل تا آخر ایک ہی نشست میں پڑھا۔ بعض مرثیئے تو دو دو بار پڑھے

مرثیہ کے اس مصرع کا جواب نہیں سہ "رحل آغوش محمدؐ ہے تو قرآں ہے حسینؓ"
آپ کا کہنا در مدح امام حسنؓ "ڈھل کے الفاظ چلے آئے پئے نظم سخن"
پیش نظر کتاب کے علاوہ "گنجینۂ عرفاں" پر بھی صادق نظر آتا ہے۔ اور
کیوں نہ آئے کہ در مدح مولائے کائنات میں آپ کا اقرار ہے کہ "اک
پُرخلوص دل بلا حق بیں نظر ملی" "کہ آنکھوں میں حُبِ آلِ محمدؐ کا نور ہے"
جبھی تو زبانِ معتبر ملی۔
برادرم پروفیسر موسیٰ رضا نے جو جائزہ لیا ہے اس کے بعد کوئی تبصرہ
کرنا سعیٔ لاحاصل ہے۔

جناب ناشاد اورنگ آبادی

سمستی پور برادرِ محترم آداب وسلام

دیگر تصانیف کی طرح "سفینۂ عرفاں" بھی خوب ہے۔ میں پہلے
بھی آپ کے منظوم کلام کی تعریف کر چکا ہوں اور معتقد صابر رہا ہوں اور رہونگا۔
اس کتاب میں آپ نے اللہ، رسولؐ کے ساتھ ساتھ اہل بیتؑ سے اظہارِ عقیدت
حمد، نعت اور منقبت کے ذریعہ پیش کر کے "قابل تقلید" کام کیا ہے،
اللہ جزائے خیر دے۔ آمین
"گنجینۂ عرفاں" کے بعد سفینۂ عرفاں" کے بھی آپ کے عقیدت مندانہ کلام نے
اہل علم و دانش اور قارئین کرام کے دلوں میں ایک مقام بنالیا ہے۔